Das königliche Lustschloss

Nymphenburg

und seine Gartenanlagen

Carl August Sckell

Verlag Heliakon

Verlag Heliakon

©2022 Verlag Heliakon
www.verlag-heliakon.de
info@verlag-heliakon.de

Umschlaggestaltung: Verlag Heliakon
Titelbild: Johann Friedrich Hennings - Szene aus dem Nymphenburger Park
Herstellung: BoD - Books on Demand, Norderstedt

ISBN 9783949496-17-2

Die Deutsche Nationalbibliothek verzeichnet diese Publikation in der Deutschen Nationalbibliografie; detaillierte bibliografische Daten sind im Internet über dnb.de abrufbar.

Inhaltsverzeichnis

Inhalt

Nymphenburgs Entstehungsgeschichte

§1.

Es war im Sommer des Jahres 1652, als die liebenswürdige Prinzessin Henriette Adelheide, Tochter Victor Amadeus, Herzogs von Savoyen und Enkelin Heinrichs IV. König von Frankreich, die geliebte Vaterstadt Turin und das schöne Geburtsland verließ, um hinzuziehen über die schneebedeckten Alpen nach dem fruchtbaren Bayerland, wo ihrer der Bräutigam sehnsuchtsvoll entgegenharrte. Es war ein glänzender Zug aus 360 Personen bestehend, und angeführt von dem Ober-Hofmarschall Grafen Kurz, der die schöne Braut dem künftigen Herrscher über Bayerns glückliche Gauen — dem Kurfürsten Ferdinand Maria zuführte.

§ 2.

Ferdinands Vater, Maximilian I., der große Heerführer und würdige Gegner Gustav Adolphs, während des 30jahrigen Krieges, der Held des katholischen Glaubens, hatte noch kurz vor seinem Tod für seinen geliebten Sohn und Nachfolger die schöne und geistreiche Henriette von Savoyen als Gattin ausersehen; die Freude aber, seinen väterlichen Seegen über das Haupt der geliebten Kinder auszusprechen, war ihm nicht mehr geworden; denn er starb gegen das Ende des 1651sten Jahres, noch ehe sein Sohn Ferdinand die Volljährigkeit erreicht hatte. Des Kurfürsten Witwe, Maria Anna, und der Bruder des Verstorbenen, nämlich Herzog Albrecht führten nun die Verwaltung der Kur und des Herzogtums Bayern bis zum Jahre 1654, in welchem Ferdinand Maria die Regierung des Landes selbst antrat.

§ 3.

Nach dem Willen des weisen Vaters geschah nun die Vermählung seines Sohnes, und mit liebender Sehnsucht sah der junge Fürst der Ankunft seiner schönen Braut entgegen, die auch am 17ten Tage des Brachmonats im obenbezeichneten Jahr bei Kufstein ihr neues Vaterland betrat.

Der bayerische Hofmarschall Freiherr von Metternich harrte daselbst der fürstlichen Braut, um sie im Nahmen der Kurfürstin Mutter zu begrüßen; und als der Gesandte mit Ehrfurcht sich seines Auftrags entledigt hatte, sieh da trat aus der Mitte des glänzenden Gefolges ein junger Page hervor, nahte sich mit festem Schritte, aber ehrerbietiger Miene der jungen Prinzessin, und überreichte ihr einen Brief mit dem Bildnis des künftigen Gemahls. Braune Locken umwallten seinen jugendlichen Nacken, Freundlichkeit und Offenheit strahlten im Antlitz des schönen Jünglings und Sanftmut und Liebe verkündete das warme dunkle Auge.

Mit jungfräulicher Schüchternheit empfing Adelheide aus der Hand des schönen Pagen das willkommene Geschenk; wie aber bebte die zarte Hand, wie färbten sich die holden Wangen mit keuschem Erröten, als sie in dem vermeintlichen Boten den jugendlichen Bräutigam selbst erkannte. Blicke innigster Liebe und der freudigsten Rührung lohnte diesem die schöne Überraschung.

§ 4.

Adelheide war damals erst 16 Jahre alt, ihre körperlichen Reize, die Vorzüge eines sehr gebildeten Geistes, und eine bezaubernde Anmut und Liebenswürdigkeit in geselliger Unterhaltung machten sie zu einer der vollkommensten ihres Geschlechtes. Sie liebte die schönen Künste und war selbst des Gesanges mächtig, den sie mit der Laute zu begleiten pflegte. Sanft waren ihre Züge, zart ihr Körper, doch reizbar ihr Gemüt. Ferdinand, ihr an Alter gleich, war ein schöner, braunlockiger Jüngling, sanft und gütig gegen jedermann, zur Frömmigkeit erzogen, doch in des Wissens Fächern wohl bewundert. Der weise Vater selbst hatte ihn in den Geschäften der Staatsführung unterrichtet, ja einen Schatz von Weisheit und Erfahrung ihm noch schriftlich hinterlassen.

§ 5.

So waren Ferdinand Maria und Henriette Adelheide mit Tugenden ausgestattet, die eine sichere Grundlage ihres künftigen ehelichen Glückes bildeten. Was mit Liebe begann, wurde auch mit Liebe fortgesetzt, ihr ganzes Leben hindurch. Das Eine lebte nur für das Andere, und Ferdinandens und Adelheidens Glück würde das vollkommenste gewesen sein, wenn nicht ein Umstand den heiteren Himmel ihres ehelichen Lebens während vieler Jahre etwas getrübt hätte. Ihre Ehe nämlich blieb lange ohne Kindersegen; Vater- und Mutter-Freuden schienen für sie verloren. Ferdinands frommer Sinn wandte sich flehentlich zum Himmel, er stiftete Klöster, baute Kirchen, unternahm Wallfahrten, tat Gelübde, und verrichtete unzählige fromme Werke dieser Art nach dem Sinne der damaligen Zeit, um sich des Himmels Gnade zu erbitten.

§ 6.

Endlich nach acht, in zarter Bekümmernis durchlebten Jahren, schenkte Adelheide ihrem geliebten Ferdinand das erste Kind, eine Prinzessin, und bald darauf einen Nachfolger Max Emanuel, dem später mehrere Kinder folgten. Wer war nun glücklicher als Ferdinand Maria! Sein frommer, häuslicher Sinn, seine angeborene Gemütlichkeit machten ihn ja so überaus empfänglich für die reinen Vaterfreuden. Dankbar wandte er sich vor allem anderen zu Gott, und eilte ein religiöses Gelübde zu lösen, das er früher schon getan hatte, wenn der Himmel ihn mit Kindern beglücken sollte. Sogleich ließ er daher den berühmten Baumeister der Stadt Bologna, Augustin Barelli, aus Italien kommen, und durch ihn den Bau der schönen Hofkirche zum heiligen Kajetan in München samt dem großen Kloster für die Theatiner beginnen.

Unbegrenzt aber war seine Liebe und sein Dankgefühl gegen seine Gemahlin, die ihn nunmehr zum glücklichsten Vater gemacht hatte. Er überhäufte sie mit Liebes- und Dankes-Bezeugungen; und es war eben dieses Erkenntlichkeits-Gefühl, was den Kurfürsten bewog, seiner lieben Gemahlin ein Geschenk zu machen, für dessen Besitz sie vielleicht schon früher eine Neigung gezeigt hatte, und welches Geschenk Veranlassung gab zu Nymphenburgs Entstehung.

§ 7.

In einer Entfernung von anderthalb Stunden Weges von München, eine halbe Stunde von dem Flüsschen Würm entfernt, lag damals in einer, fast ganz von Wald bewachsenen Ebene, eine niedliche Schwaige mit fruchtbaren Feldern umgeben. Sie nannte sich Ober- und Unter-Kemnat, in älteren Schriften auch Kemnating und Kembnathen benannt. Es bildete dieses Besitztum seit dem Jahre 1599 eine Mannes-Ritter-lehenbare geschlossene Hofmark, und gehörte schon seit dem Jahre 1645 den Edlen v. Gaßner, deren einer, Johann Gaßner, kurfürstlich bayerischer Rat und Kriegshauptbuchhalter war, und unter dem 11. July 1647 für die daselbst befindliche aus Holz erbaute und der heiligen Magdalene geweiht gewesene Kapelle, ein Benefizium gestiftet hatte, welches noch jetzt besteht.

§ 8.

Dieses Besitztum nun erkaufte der Kurfurst Ferdinand Maria den 1. Juli 1663 von den Vormündern des Joh. Georg Gaßner, um die Summe von 10.000 fl., vereinigte damit noch zwei Höfe, welche dem Kloster Dietramszell gehört hatten, und machte alles dieses seiner geliebten Gemahlin zum Wochenbettgeschenke.

§ 9.

Adelheide empfing dieses Geschenk zarter Aufmerksamkeit ihres teuren Gemahls mit größtem Wohlgefallen, und fasste sogleich den Entschluss, daselbst sich ein schönes Lustschloss zu erbauen. Denn gewöhnt an die herrlichen Paläste Italiens und an die Erzeugnisse der schönen, bildenden Künste wollte sie sich dadurch die Erinnerungen an das teure Geburtsland bewahren. Noch in demselben Jahre legte sie daher zu ihrem neuen Sommerschloss, zu dem wahrscheinlich auch der Baumeister Barelli die Pläne gefertigt hatte, den ersten Stein, und gab dem künftigen Lustorte den poetischen Namen Nymphenburg (lat. Nymphaeum); zugleich begann sie auch die Anlage eines neuen Weges, durch den sie dieses Lustschloss mit der Hauptstadt in Verbindung setzte. Dieser Weg, der später mit Lindenbäumen bepflanzt wurde, hieß der Fürstenweg.

§ 10.

Die Kurfürstin wies für den Bau des neuen Schlosses die Gefalle der Schwaige Kemnat an; und es scheint nicht, dass zu der Zeit, außer diesen, noch andere Geldmittel hier bestimmt waren, da der Bau verhältnismäßig ziemlich langsam voranschritt; es sei dann, dass Hindernisse, welche gegenwärtig nicht mehr bekannt sind, zu irgendeiner Zeit einen Aufschub in demselben veranlasst haben; denn erst im Jahre 1672 wurde der Dachstuhl auf das neue Schloss gesetzt, und in dem folgenden Jahre die innere Ausschmückung und Einrichtung durch die Schreiner, Vergolder, Stuckateurs und Maler begonnen.

§ 11.

In eben diesem Jahr kamen auch die Bauten zu Nymphenburg in die Hände des kurfürstlichen Baumeisters Zuccaly, des nämlichen, durch welchen später Maximilian Emanuel das prächtige Lustschloss Schleißheim, zwei Stunden von München gelegen, aufführen ließ.

§ 12.

Noch ehe der Schlossbau so weit vorgeschritten war, und zwar schon im Jahre 1671 ließ Adelheide auch einen Garten daselbst anlegen, der die Annehmlichkeit des kindlichen Aufenthalts dort nach mehr erhöhen sollte; denn die Gegend selbst bot außer einem schönen Wald, der durch Wildbret aller Art reichlich bevölkert war, wenig andere Reize dar.

§ 13.

Vor allem wurde daher, und zwar von der Mitte des Schlosses aus dieser Wald durchhauen, und dadurch eines lange Durchsicht bis an das freundliche Dörfchen Piping am Würmflüsschen, gewonnen; auch darin ein Verbindungsweg mit demselben angelegt, welches Sträßchen man ebenfalls den Fürstenweg nannte.

Der neu angelegte Garten war indessen damals noch nicht groß, er enthielt nur wenige Morgen-Landes. Seine Anlage geschah im regulären Gartenstil und im Geschmack der damaligen Zeit. Ein französischer Maler musste das

Parterre desselben anlegen, und bildete darin das bayerische Wappen in kolossaler Größe mittels Zwergbur und gefärbten Steinchen nach. Auch eine Grotte mit künstlichen Wasserwerken, so wie auch 5 Fontänen wurden, und zwar im Jahre 1672 im Garten errichtet, und derselbe im folgenden Jahre mit einer Mauer umschlossen.

§ 14.

Zugleich war man um die nämliche Zeit bedacht zur Gewinnung der benötigten essbaren Gartenprodukte auch einen Küchengarten anzulegen, damit bei Anwesenheit der Herrin ihr Hof damit versehen werden konnte.

In den Jahren 1674 bis 1676 wurden rechts und links neben dem Schloss 2 Seiten-Pavillons erbaut, welche für die Hofküche und die Hofkellerei bestimmt waren; doch sind es nicht die nämlichen, welche man noch gegenwärtig in Verbindung mit dem Schloss sieht, sondern diese letzteren gehören einer späteren Zeit-Epoche an.

§ 15.

Adelheide hatte die Absicht, diesen ihren neuen Sommer-Pallast mit allem Schönen, was die Kunst und ihr eigener geläuterter Geschmack ihr darbieten konnte, zu verherrlichen; denn sie liebte die Künste und begünstigte die Künstler mehr noch als ihr Gemahl. Die Säle zu Schleißheim wurden berühmt durch die Gemälde der größten Meister. Auch die prächtigen Gesangstücke italienischer Tonsetzer brachte sie zuerst auf die Bühne von München, welche eine der größten und schönsten damaliger Zeit, das Werk der geschicktesten Baumeister und Bühnenmaler Italiens war. Die Zeiten waren auch zu solchen Beschäftigungen des Friedens günstig; denn eine vieljährige Ruhe, die Ferdinand Maria seinem Volk zu erhalten wusste, hatte des Landes Wunden, die ihm der

Dreißigjährige Krieg geschlagen, geheilt, und Bayerns Glück befestigt. Des Hofes Reichtum war groß; denn dieser Fürst lebte sehr einfach, fast immer im Kreise seiner zahlreichen Familie. Nur beim Besuche fremder Fürstenpersonen oder hohen Feierlichkeiten umgab er sich mit allen Herrlichkeiten eines fürstlichen Glanzes, so wie die Kurfürstin bei solchen Gelegenheiten in einem ungewöhnlichen Schmuck von Juwelen strahlte; den einen Tag im milden Schimmer ihrer Perlen, den anderen in Rubinen, den dritten endlich in Diamanten, jeden Tag anders, jeden prächtiger.

§ 16.

Vieles hatte daher Adelheide noch zur Vollendung und Verschönerung ihres selbst geschaffenen Lieblingsortes sich vorgenommen, was bis jetzt erst noch in der idealistischen Welt ihrer Fantasie lebte. Wie oft mochte wohl die Hoffnung sie erfreut haben, einst ihre letzten Tage in dem selbst geschaffenen Wohnorte zu durchleben, und sich an den Reizen zu erfreuen, die sie ihm selbst Verliehen; denn kein Gut gewährt dem Menschen ein größeres Vergnügen und hat für ihn einen höheren Wert, als dasjenige das er sich selbst geschaffen.

Allein, was ist alle irdische Herrlichkeit, was sind alle menschchen Pläne und Vorsätze gegen die ewigen Bestimmungen des Himmels.

§ 17.

Ferdinands und Adelheidens Glück war bisher ungestört dahin geflossen, bald aber kam Unglück über ihr Haus.

Eines Abends um die Zeit des Schlafengehens brach im Schloss zu München durch Unbehutsamkeit ein plötzliches Feuer aus. Die Flammen fraßen so schnell und gewaltig von Gemach zu Gemach hinauf zu den Giebeln, dass die

Kurfürstin mit ihren Kindern und Kammerfrauen halb gekleidet, kaum durch den bedeckten Laubengang flüchten konnte, welcher das Schloss mit der Wohnung der Theatiner-Mönche verband. Der Kurfürst war Tags zuvor nach Braunau gereist, die neu angelegten Werke zu besichtigen. Düstere Glut rötete den Himmel und Dampfwolken zogen weit über die Stadt hin.

Ein heftiger Sturmwind drohte ganz München in Flammen zu begraben. Ängstlich hüteten die Bürger ihre Häuser. Vom Lande war keine Hilfe: denn die Wachen weigerten ohne Befehl des Bürgermeisters, die geschlossenen Stadttore zu öffnen.

So verstrichen anderthalb Stunden ohne Anstalt zur Löschung. Wilder loderte immer das Feuer im Palast. Die Priesterschaft eilte mit dem Allerheiligsten des Altars herbei, und trug es betend dreimal um die Glut, ohne das Übel abwehren zu können.

Da gingen Kostbarkeiten von unermesslichem Wert zugrunde, die Bildnisse der alten Fürsten von Bayern und ihrer Gemahlinnen, viele Kunstwerke großer Meister.

Teils eine starke Quermauer am sogenannten Kaisersaal, teils die Besonnenheit eines welschen Baumeisters, welcher die Verbindung mit dem Vorzimmer zerriss, setzte der ungeheuren Brunst Schranken, dass nicht der gesamte Palast zur Asche war.

Ferdinand, durch Eilboten gerufen, kam und sah im Schutte ehemaliger Pracht, die Eitelkeit des Irdisch-Herrlichen, ohne seinen Gleichmut zu verlieren. Vielmehr tröstete er, wie auch Adelheide, die verzweifelnde Urheberin so großen Schadens — eines der Hoffräulein, welches bei brennender Kerze mitten in der Abendandacht eingeschlummert war.

§ 18.

Der Schreck hatte jedoch Adelheidens zarte Gesundheit tief erschüttert. Sie genas nur langsam. Vierzehn Monate später traf sie ein schmerzlicherer Streich des Schicksals. Trauerboten erschienen aus dem väterlichen Haus aus Turin. Ihr Bruder, den sie zärtlich seit erster Kindheit geliebt, Herzog Carl Emanuel II. von Savoyen, ward jählings durch ein bösartiges Fieber hingerafft. Von seinem Sterbebett sandte er seiner Schwester die 44 schönen Ringe, welche er gerne getragen. Ihr Jammer blieb lange tränenlos und stumm. Nach überwundenem ersten Schmerze nagte es ihr tief und still im Herzen. Und ehe ein Jahr verstrich, trug man ihre Leiche zur Fürstengruft bei den Theatinern.

§ 19.

So schied Adelheide den 18. März des 1676sten Jahres im Vierzigsten ihres Lebens aus dem Kreise ihrer Kinder, von der Seite ihres lieben Gemahls und von dem Werk ihrer Neigung, das sie nicht mehr vollenden konnte.

§ 20.

Es wollte indessen das Glück, dass nicht allein Ferdinand ihr Gemahl aus zarter Rücksichtnahme für ihr Andenken, den Bau des von ihr gegründeten Lustschlosses bis zu seinem Tod fortsetzte; sondern dass auch die folgenden Regenten und deren Gemahlinnen eine ganz besondere Vorliebe zu dem begonnenen Werk gewannen, wodurch nicht allein die Fortsetzung desselben nicht unterlassen, sondern dieses auf eine Art vollendet wurde, die Nymphendurg mit seinem herrlichen Garten bald zu einem der ersten Schlösser Deutschlands erhob.

Es hatte zwar der Tod Adelheidens den Kurfürsten, ihren Gemahl, tief gebeugt, der Reiz seines Daseins entfloh mit ihr. Die Welt war ihm eine Fremde, er mied den toten

Prunk des Hofes; floh in die Einsamkeit, wo Andacht und Gebet seinem Kummer den Trost Gottes gaben. Am liebsten wohnte er zu Schleißheim, dem stillen Lustschloss, welches schon der fromme Herzog Wilhelm einst zu seiner Ruhe sich ausersehen hatte.

§ 21.

Nichtsdestoweniger vergaß der Kurfürst das unvollendet hinterlassene Werk seiner tief betrauerten Gemahlin. Es war ihm eine fromme Angelegenheit des Herzens, die Pläne durchzuführen, welche letztere einst in der glücklichsten Periode ihres Lebens beschlossen hatte.

§ 22.

Noch war das Schloss nicht so weit gediehen, dass es bewohnt werden konnte. Ferdinand trachtete vor allem dieses zu erreichen, und ließ von dem Jahre 1677 an bis 1679 ununterbrochen an demselben arbeiten, und besonders die innere Verzierung vollenden, auch eine schöne steinerne Stiege befahl er, an der Fronte des Schlosses von außen aufzuführen.

Die Gefälle der Schwaige Kemnat dienten noch immer die Kosten zu bestreiten. Allein schon im Jahre 1679 hatte der unerbittliche Tod dem frommen Leben Ferdinand Marias ein Ende gemacht.

§ 23.

Das Schloss Nymphenburg, zwar nur aus einem einzigen Hauptpavillon und wenigen Nebengebäuden bestehend, war noch so ziemlich fertig geworden.

Auf seiner rechten Seite lagen die Ökonomie-Gebäude der Schwaige Kemnat, auf der linken aber gegen Norden hin, fast auf derselben Stelle, wo gegenwärtig sich die Schlosskapelle befindet, stand ein kleines aus Holz erbautes der heiligen Magdalene geweihtes Kapellchen mit einem Türmchen versehen, dasselbe, für welches das Gaßnerische Beneficium gestiftet war[1]. Majestätische Eichbäume sah man damals noch ganz in der Nähe des Schlosses stehen, gleichsam als ein Zeichen, dass noch kurz vorher auch diese Stelle, wie überhaupt die ganze Gegend um München, mit Wald bewachsen war, wesswegen auch unter dem Besitztum der Schwaige Kemnat besonders mehrere Tagwerke Eichenwald, als von vorzüglichem Werte angeführt waren. Der Garten lag, einen großen Halbkreis bildend, hinter dem Schloss, und mag damals ungefähr das Terrain begriffen haben, was nunmehr durch die Parterre des gegenwärtigen Gartens eingenommen wird.

§ 24.

So sah es zu Nymphenburg nach beiläufig 16 Jahren aus, nachdem seine erhabene Stifterin den Grundstein zum Schloss gelegt hatte. Konnte dieselbe damals ahnen, dass nach einem so großen Zeitraum erst ein verhältnismäßig so geringer Teil, des von ihr bestimmten Planes, vollendet sein würde? Sie, die damals als glückliche Gattin und Mutter in den schönsten Tagen ihres Lebens, in der Fülle der Gesundheit prangte! Allein was sie nicht mehr vermochte, führte ihr Sohn, Kurfürst Max Emanuel später auf eine Weise aus, wie es Adelheiden selbst nie möglich gewesen sein würde.

§ 25.

Zwar verstoß eine geraume Zeit, ehe Maximilian Emanuel, der neue Kurfürst von Bayern, an die Ausführung und Verschönerung des Werkes seiner Mutter denken konnte; denn er hatte nach dem Tod seines Vaters noch nicht einmal 18 Jahre erreicht. Sein jugendlicher Mut, sein Drang nach Taten, durch die er Ruhm sich zu erwerben hoffte, führten ihn eher in das Gewühl der Schlachten, als zu den sanften Beschäftigungen des Friedens. Österreichs Kampf mit den Erbfeinden der Christenheit gab ihm bald Gelegenheit, diesem seinen Hang zu folgen; denn ein enger Freundschaftsbund, den er mit Kaiser Leopold I. in dem Wallfahrtsorte Altenötting geschlossen, und wobei der Kaiser dem jungen Kurfürsten einen kostbaren Degen mit diamantreichem Griff zum Geschenke machte, und ihm die Hoffnung blicken ließ, ihn als Eidam und Gemahl seiner Tochter Antonia einst umarmen zu können, hatte Max Emanuel nicht allein zum innigsten persönlichen Freund des Kaisers, sondern auch zum neuesten Alliierten Österreichs gemacht.

§ 26.

Das geschah im Jahre 1683, da Kara Mustafa, der Großvisier, die türkische Macht, bis vor die Mauern Wiens brachte. Der Fuß der morgenländischen Eroberer auf deutschem Boden und an den Toren der Kaiserstadt, warf Furcht in das ganze Reich. Schon manches Jahrhundert erschollen die Kirchen der Christenheit von Gebeten wider den Erbfeind ihres Namens, und es hatte Deutschland ungeheure Summen zum Krieg gegen Mohameds Bekenner geopfert.

Alle diese Steuern der Glaubens- und Vaterlandsliebe waren größtenteils entweder am kaiserlichen Hoflager wieder verschwunden, oder in schimpflicher Zinsbarkeit von Gesandten nach Konstantinopel getragen worden, welche der römischen Kaiserwürde zur Schmach, des Großsultans auf die Erde hängende Cafftansärmel küssen und Waffenstillstände erkaufen mussten.

Wiens Gefahr war groß. Doch der heldenmütige Johannes Sobiesky, König von Polen, der sein eigenes Vaterland schon vom Joche der Moslems errettet, und Max

Emanuel erlösten auch Österreich. Zu ihnen stießen auch viele Fürsten von Deutschland mit ihren Völkern. Maximilian Emanuel, mit großem Gefolge bayerischen Adels, führte persönlich 7800 Fußgänger und 3500 Reiter nach Wien. Er selbst wich dem Helden Sobiesky nie von der Seite; auch am Bluttag der großen Entscheidungsschlacht nicht, da die Kaiserstadt befreit wurde. Und als die fürchterliche Niederlage und Flucht der Osmanen nun nach schwerem Kampf nicht mehr zweifelhaft war, warf sich Maximilian mit Freudentränen, wie ein Trunkener an Sobieskys Brust und als Kaiser Leopold wieder durch die Pforten Wiens einzog, rief er demselben mit Entzücken zu: »Dies Schwert von Eurer Majestät Hand trage ich es, bleibe der Vertilgung aller Feinde des Christennamens und Eurer Majestät ewiglich geweiht.«

§ 27.

Von Zeit zu Zeit kehrte der Kurfürst in seine Staaten zurück, widmete sich daselbst den Regierungsgeschäften und vergaß hiebei nicht den schönen Künsten seine Huld zuzuwenden, und den Künstlern Gelegenheit zu geben, sie in Anwendung zu bringen. Es war daher um das Jahr 1684, als er den raschen Entschluss fasste, neben dem alten Schloss zu Schleißheim ein neues großartiges Gebäude im italienischen Baustile aufführen zu lassen und dasselbe mit allem, was Reichtum und Kunst nur bieten konnte, auszuschmücken. Der Hofbaumeister Zuccaly bekam hier den Auftrag.

Dieser Bau wurde um das benannte Jahr begonnen, und bis zum Jahr 1700 fortgeführt. Maximilian verwendete ungeheure Summen darauf, legte einen herrlichen Garten im französischen Gartenstil daselbst an, schmückte ihn mit Statuen und Wasserwerken aller Art, grub Kanäle und erbaute Lust- und Ökonomie-Gebäude. Der Kurfürst genoss aber wenig und nur kurze Zeit das Vergnügen dieser Beschäftigung.

Kaum im Jahre 1688 aus dem Türkenkrieg zurückgekehrt, folgte er schon wieder dem Reichsheere gegen Frankreich nach dem Rheine zu, zog später an der Spitze der Hilfsvölker zum Schutz Savoyens nach Italien, brachte einen Winter in Venedig zu, und begab sich dann im Jahre 1692 nach Brüssel, um die Statthalterschaft der Niederlande zu übernehmen, wohnte den Schlachten und Belagerungen in Flandern bei, und kam endlich im Jahre 1701 und zwar mit seiner ganzen Familie nach München zurück.

§ 28.

Während dieses ganzen Zeitraums vom Tod Ferdinand Marias bis zu diesem Jahr lag alles still zu Nymphenburg und außer der höchst nötigen Unterhaltung der Schlossgebäude und des kleinen Ziergartens war daselbst nichts geschehen.

§ 29.

Von nun an aber begann hier ein neues Leben. Es liegt noch im Dunkel der damaligen Regentengeschichte, welche Umstände Maximilian Emanuel veranlasst haben, seit seiner Rückkehr aus den Niederlanden, seinen schönen großen Bau zu Schleißheim, der so viel Geld gekostet hatte, und der noch bei Weitem nicht beendet war, gänzlich ruhen zu lassen und mit aller Liebe die Vollendung und Verschönerung des Lieblingssitzes seiner Mutter zu betreiben. Wohl ist es wahr, dass, so schön, fürstlich groß und als ein Meisterstück zweckmäßiger Einteilung das Lustschloss Schleißheim sich darstellt, es durch die gänzliche Reizlosigkeit der dortigen Gegend doch aller Anmut beraubt ist; denn die ganze Fläche umher besteht größtenteils nur aus

Mooren und düsteren Föhrenwäldern; wohl geeignet zu den Freuden der Jagd, nicht aber zum längeren Genüsse eines heitere Landleben. Was immer aber auch die Ursache der Sinnes-Änderung des Kurfürsten gewesen sein mag, so zeigte die Folge, dass Maximilian seine Ausgaben aus Schleißheim in dem Grade verminderte, als er die Anlagen zu Nymphenburg begünstigte. Ja nicht genug, er tauschte im Jahre 1715 das Hofmarksgut Boschetsried, 2 Stunden von München, rechts am Weg nach Stahrenberg gelegen, von der Familie Hörwarth gegen Almanshausen am Würmsee ein, erbaute daselbst ein niedliches Jagdschlösschen samt einer Mayerey, und nannte es Fürstenried. Auch dem Schloss Dachau an der Amper, welches von den Herzogen Wilhelm und Albrecht V. erbaut wurde, fügte Emanuel neue Bau-Verschönerungen an.

§ 30.

Seine ganze Aufmerksamkeit und Vorliebe aber wandte Maximilian dem freundlichen Nymphenburg zu. Kaum aus Brüssel nach München zurückgekommen, befahl er sogleich, mit dem Schlossbau daselbst aufs eifrigste fortzufahten; zugleich aber übertrug er die dasigen Bauten dem Hof-Architekten Joh. Anton Viscardi.

§ 31.

Was den Garten betrifft, so ließ er durch den französischen Garten-Ingenieur Carbonet, den er wahrscheinlich selbst aus den Niederlanden mitgebracht, oder aus Frankreich verschrieben hatte, einen ganz neuen Plan zu demselben, und zwar in einem großartigen, wahrhaft fürstlichen Stil, und einigermaßen in Nachbildung des Gartens zu Versailles bei Paris entwerfen und sogleich damit unter der Oberleitung des geheimen Rats Baron v. Neuhaus zur Ausführung schreiten. Die vom Schloss westlich gelegenen und zur Schwaige gehörigen Waldteile wurden dazu bestimmt, und soweit diese nicht hinreichten, die erforderlichen Grundstücke von ihren Besitzern erkauft. Aus dem edengesagten geht hervor, dass der Garten, wozu Cardonet den Plan entwarf, kein anderer sein konnte, als ein symmetrischer sogenannter französischer Garten. Da nun Gärten dieser Art nur allein durch die Beweglichkeit der darin angebrachten künstlichen Wasserwerke einiges Leben erhalten, und ihre steifen-monotonen Massen nur durch dieses Mittel etwas erheitert werden können; so war des Künstlers erste Sorge, dieses Wasser herbei zu schaffen.

§ 32.

Max Emanuel ließ daher mit großen Kosten in den Jahren 1701 bis 1703 einen Kanal aus dem benachbarten Flüsschen Würm, vom Dorf Pasing aus durch Nymphenburg bis nach dem Dorfe Schwabing bei München führen und daselbst in die Gewässer der Isar wieder einmünden.

Die ganze Länge dieses Kanals beträgt mehr als 2 Stunden Wegs. Max Emanuel hatte im Jahre 1686 aus seinen Feldzügen gegen die Türken 840 derselben als Gefangene nach Bayern geführt, und verwendete diese beim Bau der Kanäle zu Schleißheim; ob sie auch bei dem oben erwähnten Kanalbau zu Nymphenburg mithelfen mussten, kann mit Bestimmtheit nicht angegeben werden, indessen ist dieses nicht unwahrscheinlich. Durch diese Wasserleitung aber war nun der Garten nicht nur mit dem hinlänglichen, sondern auch mit dem schönsten klaren Wasser versehen; es konnten sohin mit diesem Überfluss die neuerbauten Brunnenhäuser zum Behufe der anzubringenden Wasserspiele reichlich versorgt werden. Anfangs wollte indessen der neugegrabene Kanal, wegen kiesigem Untergrund, das Wasser nicht halten; es blieben daher die Wasserleitungen des Gartens noch lange ohne Wasser, obschon man hierfür alle Vorbereitungen bereits getroffen hatte.[2] Allein dieser Übelstand verlor sich indessen bald, und der Garten zu Nymphenburg wurde in späterer Zeit an Wasserwerken aller Art so reich, dass er hierin mit seinem Vorbilde jenem zu Versailles wetteifern konnte.

Ja der Umstand, dass die künstlichen Wasserwerke zu Nymphenburg durch ihren natürlichen Fall ununterbrochen spielen konnten, gab diesem Garten noch einigermaßen den Vorzug vor dem zu Versailles, all wo die Wasser erst 4 Stunden Wegs durch riesenhafte äußerst kostspielige Maschinen über bedeutende Anhöhen herbei geleitet werden müssen, und daher zur Schonung dieser letzteren nur zu gewissen Zeiten und bei großen Festen ihre Wunder der erstaunten Menge zu zeigen Vermögen.

§ 33.

Nachdem man das beigeführte Wasser im Garten vielfältig benützt hatte, wurde auch dessen Abfluss gegen München zu, noch zu den Zwecken des Schlosses in Anspruch genommen.

Der Abflusskanal nämlich, welcher seinen Lauf bei den Orten Gern und Georgenschwaig, letzteres damals Mildertshofen genannt, vorbei nimmt, und in die von München kommenden Gewässer der Isar einmündet, wurde mit 5 holländischen Schleusen versehen, und auf diese Art mittelst großer Transport-Barken das für das Schloss erforderliche Baumaterial von München zu Wasser herbeigeführt.

§ 34.

Viscardi hatte im Jahre 1703 schon zwei neue Seiten Pavilions, die steinerne Stiege gegen den Garten und den Küchen- oder Zörgaden-Pavitlon beendet, während an der Vollendung und Verschönerung des Hauptgebäudes, so wie auch des Gartens mit allem Eifer fortgefahren wurde. Allein die durch die Kriege bewegte Zeit, in der Max Emanuel lebte, und in denen er eine Haupt- wenn auch sehr unglückliche Rolle spielte, ließen ihn nicht lange an den Werken des Friedens sich erfreuen.

Schon im Jahre 1704 verließ er neuerdings seine Staaten, da das Kriegsglück dem tapferen Helden den Rücken gewendet hatte, und in der berühmten Schlacht bei Blindheim, den 13. August obigen Jahres die Würfel zugunsten seines Gegners des Herzogs von Marlborough gefallen waren.

Sogleich mussten auch die Bauten und Anlagen zu Nymphenburg eingestellt, oder auf das Notwendige beschränkt werden.

Carbonet, von der Kurfürstin reichlich beschenkt, wurde entlassen und folgte seinem Herrn, dem Kurfürsten im darauffolgenden Jahre nach Brüssel nach.

§ 35.

Es begann nun ein für Bayern wie für diesen Ort gleich düsterer Zeitraum von 10 Jahren, während welchem, weder für die Bauten, noch für die Garten-Anlagen zu Nymphenburg etwas geschehen konnte; ja selbst die Unterhaltung derselben wurde nur höchst notdürftig geführt. Denn des Landes eingeborener Fürst musste das teure Vaterland verlassen, und in fremden Landen eine Zuflucht suchen; auch die gute Landesmutter Therese zwangen die Umstände, sich von dem Schauplatz des allgemeinen Jammers zurückzuziehen und zu Venedig in dem Schoß der treuen Mutter den Kummer ihres Herzens auszuweinen. Fremde Kriegsschaaren besetzten nun Bayerns gesegnete Gauen, ein fremder Herr gebot über Maximilians treue Untertanen, wie über die eigenen, zehn volle Jahre lang!

§ 36.

Endlich söhnte sich das Schicksal wieder mir Bayern und seinem Fürsten aus. Maximilian konnte den Tag kaum erwarten, an dem er wieder sein geliebtes Vaterland betreten, und in den Kreis seiner Familie zurückkehren konnte.

Aber auch seines Lieblingsschlosses zu Nymphenburg war er selbst im Ausland stets eingedenk; wahrscheinlich erinnerten ihn oftmals die schönen Schlösser und Garten Ludwig XIV. daran, die er bei seinem Aufenthalte in Frankreich täglich vor Augen hatte, und die unter diesem Könige mit einer ungewöhnlichen Pracht ausgestattet und mit großen Kosten unterhalten wurden. Es schien daher die Absicht des Kurfürsten hier gefasst worden zu sein, sein Schloss und seinen Garten zu Nymphenburg im gleichen Stil und mit gleicher Pracht herzustellen, wie die schönen Muster, die er da gesehen, und die seiner Liebe zur Pracht und seiner Neigung zum Aufwand, von denen sich Max Emanuel manchmal zu sehr beherrschen ließ, neue Nahrung gaben.

§ 37.

Schon um das Jahr 1714 erfolgte daher ein Befehl des Kurfürsten von St. Cloud bei Paris, dass die Bauten und Anlagen zu Nymphenburg wieder aufzunehmen, und mit Eifer fortzuführen seien, zu welchem Ende er bei dem Salzamt zu Friedberg vor der Hand 10000 fl. angewiesen hatte.

§ 38.

Im Jahre 1715 kehrte endlich der Kurfürst in seine Staaten wieder zurück. Freuden unten stürzte ihm sein treues Volk entgegen, alles jauchzte, alles freute sich, ein neues Leben begann, und alle ausgestandenen Trübsale waren vergessen. Auch für Nymphenburg begann mit diesem Jahr wieder eine neue Zeitperiode, da der Kurfürst sogleich mit den Arbeiten daselbst aufs kräftigste fortfahren ließ. Allein große Summen wurden erfordert, auch nur das Verdorbene wieder instand zu setzen; besonders aber hatten die Gartenanlagen sehr gelitten. Die Wege waren mit Gras bewachsen, die Spaliere größtenteils ausgegangen, und in den Alleen die weitesten Lücken entstanden; die Parterre mussten ganz neu angelegt werden.

§ 39.

Lüdwig XIV. hatte dem Kurfürsten einen Garten-Ingenieur Namens Girard, einen geborenen Pariser und wahrscheinlich einen Schüler seines berühmten Gartenbaumeisters Le Notre, empfohlen, welcher nach Bayern kam, und in Nymphenburg mit dem Titel eines kurfürstl. Garten-Inspektors und Fontainier angestellt wurde. Dieser lieferte nun die Zeichnungen zu den Parterren, den Wasserkünsten und überhaupt zu den feineren Ausschmückungen des Gartens. Ebenso wurde ein eigener Bildergießer, Namens Wilhelm de Groff, berufen, welcher die aus Blei gegossenen Figuren, die sodann vergoldet wurden, verfertigte. Im Jahre 1716 bis 1718 entstanden zwei neue Pavillons (Lusthäuser) im Garten, und ihre Umgebungen wurden mit reichen Wasserwerken und schön gezierten Parterren ausgeschmückt. Dazu wurde ein neues Brunnhaus mit starkem Druckwerke in den oberen Teil des Gartens, und zunächst daran eine prächtige, mit vielen bleiernen Bilderwerken geschmückte, künstliche Kaskade angelegt. Auch ein Fasanen-Garten entstand um diese Zeit in dem linken Teil des Gartens.

§ 40.

Viscardi fuhr mit dem Schlossbau eifrig fort, vollendete in den benannten Jahren beinahe den ganzen nördlichen Flügel, wo sich schon damals das Brunnhaus für die Wasserwerke der Umgebung des Schlosses befand. Auch die Ökonomie-Gebäude der Schwaige samt den Stallungen, worüber die Wohnungen für das Hofdienst-Personal angebracht wurden, fanden um das Jahr 1717 und 1718 ihre Vollendung.

Ebenso wurde eine neue Hofkapelle eingerichtet, und von innen reichlich dekoriert, auch die Kapuziner erhielten in dem äußersten nördlichen Schlossflügel die erforderliche Wohnung zur Einrichtung eine Herberge eingeräumt.

§ 41.

Das Jahr 1719 schenkte dem Garten die prächtige Gruppe der Flora, wozu 250 Zentner Blei erforderlich waren.

Die Gruppe bestand aus einer kolossalen Flora und noch mehreren Nebenfiguren als Tritonen und Delphinen, alles reich vergoldet, und zierte das große Basin der Parterre.

Diese Arbeit allein soll gegen 60000 fl. gekostet haben.[3)] Im Jahre 1723 wurde der Bau der Hofküche und ein solcher zur Einrichtung des sogenannten Pass-Spieles vollendet.

§ 42.

So fuhr Maximilian fort, den Lieblingsort seiner Mutter, der nunmehr auch der Seinige geworden war, mit wahrhaft fürstlichem Aufwand durch Reichtum und Kunst zu verschönern und zu verherrlichen.

Allein auch ihn erreichte der Tod, noch ehe er seine Plan ganz vollenden konnte. Eine schöne Eremitage sollte dem Garten noch neue Reize zu den bereits aufgezählten verleihen, und dieselbe war zum Teil schon vollendet, als Maximilian Emanuel im Jahre 1726 starb.

§ 43.

Es schien nun dem Lustschlosse Nymphenburg und seinen Verschönerungs-Anlagen ein neuer Stillstand zu drohen besonders da die unglückseligen Zeiten die Kassen geleert hatten und viele Zahlungen noch im Rückstande verblieben waren; allein die Folge zeigte es anders.

§ 44.

Kurfürst Carl Albert, nachmaliger römischer Kaiser, erbte von seinem Vater die Liede zu diesem Aufenthalt, und was die Neigung nicht tat, bewirkte das kindlich fromme Andenken an denselben.

So war es seine erste Sorge, die von Emanuel angefangene Eremitage auszubauen, und schon im Jahre 1728 konnte ihre kirchliche Einweihung geschehen.

§ 45.

Zwar ging es mit den übrigen Verschönerungen und neuen Anlagen nicht so rasch ; denn die in den letzten Jahren verwendeten Summen sollten erst abgetragen werden, weil es des Kurfürsten Sorge war, die alten Ausgaben zu berichtigen, ehe er zu neuen schritt.

Die Führung der Bauten und Unterhaltung der kurfürstlichen Lustschlösser und deren Beaufsichtigung, welches alles früher hin nur als Privat-Sache der Fürsten und auch aus ihrer Privat-Kasse bestritten wurde, waren schon im Jahre 1720 dem Hofbauamt zugeteilt worden; dieses fing nunmehr auch ernstlich an, die durch die Kriegsjahre und öftere Abwesenheit des Kurfürsten verhinderte Ordnung im Rechnungswesen wieder herzustellen und alle kurfürstlichen Schlossbauten unter eine strenge technische Aufsicht zu nehmen.

§ 46.

Nachdem dieses geschehen, machte Carl Albert sogleich mit neuen Anlagen zu Nymphenburg wieder den Anfang. Eine seiner ersten und großartigsten dieser Art wurde im Jahre 1728 begonnen.

Es ließ dieser Regent nämlich den schönen, großen Kanal zwischen Nymphenburg und Neuhausen, der mit seinen zwei majestätischen Linden-Allen auf den beiden Seiten die großartige Auffahrt zu diesem Lustschloss von München her bildet, unter der Oberleitung des kurfürstl. Kämmerers und Oberstleutenant Baron von Satzenhofen, und zwar durch das Militär anlegen.

Er war selbst bei dessen Aussteckung am 29. Januar 1728 zugegen, wobei er zu gleicher Zeit den ersten Stein zu den Gebäuden, welche auf beiden Seiten dieser mit Lindenbäumen im Jahre 1730 bepflanzten Alleen angebracht wurden, gelegt hatte.[4)]

§ 47.

Auch die Schlossgebäude erweiterte dieser Fürst und ließ neue Flügel anbauen. Unter seiner Regierung wurde das schöne Hofstallgebäude mit den darauf befindlichen Wohnungen für die Hof-Kavaliere angefangen; auch ein Kloster für den Frauen-Orden Notre Dame gestiftet, und die Nonnen in einen Flügel der Schlossgebäude eingewiesen, zunächst da, wo bereits Max Emanel den Kapuzinern eine Herberge errichtet hatte.

§ 48.

Ferner erhielt der Garten durch ihn ein, in seiner Art wirklich einziges, sehr schönes Gartengebäude, dem der Name von seiner Gemahlin Maria Amalia, nämlich Amalienburg, beigelegt wurde, und welches dem Ersteren eine neue Zierde verlieh; auch ließ der Kurfürst im Jahre 1733 den ganzen Hofgarten mit einer 10 Fuß (ca. 3 m) hohen Mauer einschließen, deren Länge mehr als eine Stunde Weges beträgt.

§ 49.

Die weiteren Vergrößerungen und Verschönerungen, welche Carl Albert, der im Jahre 1742 zum römischen Kaiser erwählt worden, aber schon im Jahre 1745 im schönsten Alter seines Lebens zu seinen Vätern hinübergegangen war, und endlich der folgende Regent Max Joseph III. ausführen ließ; so wie die große Reform des Gartens durch Umwandlung in den schönen natürlichen, sogenannten englischen Gartengeschmack, unter König Maximilian I., welches alles größtenteils der neueren Zeit angehört, werden bei den folgenden Beschreibungen der einzelnen Gegenstände ihre Erwähnung finden.

§ 50.

So haben seit der erhabenen Gründerin dieses Lustschlosses alle folgenden Regenten Bayerns nicht nur allein zur Verschönerung desselben beigetragen; sondern dieser freundliche Ort war auch bis in die neueste Zeit, während des Sommers, der Lieblings-Aufenthalt derselben, oder der ihrer Familien; indem Nymphenburg sich hierzu, durch seine gesunde Lage und seine geringe Entfernung von der Hauptstadt, vorzüglich eignet.

§ 51.

Der Hof pflegte von jeher auch daselbst die großen Hoffeste, welche bei feierlichen Ereignissen statt hatten, wenn es anders die Jahreszeit erlaubte, hier zu halten; bei welchen Gelegenheiten große und prächtige Illuminationen, Schiffsfahrten, Tourniere, theatralische Vorstellungen im Freien, Jagden, Feuerwerke und Bälle veranstaltet wurden.

Solche Feste fanden z. B. statt, bei der Vermählung des Kurprinzen Carl Albert mit Maria Amalie, Erzherzogin von Österreich, im Jahre 1722[5)], bei welcher Gelegenheit nicht allein hier, sondern auch zu München, Stahrenberg, Schleißheim und Dachau sehr schöne und glänzende Feste, die der allbekannten Prachtliebe und Freigebigkeit des Kurfürsten Maximilian Emanuels vollkommen entsprachen, gegeben wurden, und die nicht leicht ihresgleichen finden können; besonders jenes Fest, welches auf dem Stahrenberger-See gehalten worden, und dessen nähere Beschreibung bei einer anderen Gelegenheit weiter unten erfolgen wird.

Hierauf kommt ein anderes großes Fest, welches Kurfürst Carl Albert den 15. Mai 1727 zur Geburtsfeier seines Sohnes des Kurprinzen Max Joseph, nachher der dritte Kurfürst dieses Namens, und zur Feier der Erblandeshuldigung durch die Landstände Bayerns bei seinem Regierungsantritte gehalten hat, von dem ebenfalls weiter unten nähere Erwähnung geschehen soll.

§ 52.

Im Jahre 1734 gab derselbe Kurfürst im Garten zu Nymphenburg ein maskiertes Jagd-Karoussel auf lebende Hirsche, welche letztere zu diesem Ende vorher gefangen und in einem umgezäunten Platz des Gartens eingeschlossen wurden. Hieraus brachte man das Wild in eine enge gerade, gewöhnlich aus Netzen gebildete, an beiden Endpunkten geschlossene Bahn, aus welcher dasselbe nicht herausspringen, wohl aber in raschem Lauf von einem Ende derselben zum andern rennen konnte.

Die Kavaliere, in Jagdkleidung und zu Pferd, kamen dem Hirsche, einzeln in Galopp entgegen, und suchten denselben im Vorbeireiten, entweder mit der Lanze, oder der Pistole zu verwunden und zu töten.

Bei der Vermählungsfeier Kurfürst Maximilian III. im Jahre 1747 fanden ebenfalls große Festlichkeiten statt, von denen am 19. Juli desselben Jahres eine hiervon in Nymphenburg gefeiert wurde, welche aus einer großen Beleuchtung des Gartens, besonders des Schlösschens Amalienburg, dann einer pantomimischen Vorstellung unter freiem Himmel im natürlichen Theater des Gartens, und zum Schluss aus einem großen Feuerwerk bestanden hatte.

Auch bei der Procura-Vermählung der bayerischen Prinzessin Josepha Maria mit Kaiser Joseph II. im Jahre 1765 gab es am 15. Januar desselben Jahres eine große Illumination mit Feuerwerk zu Nymphenburg.

§ 53.

Diesen Feierlichkeiten folgten mehrere in der neueren Zeit, worunter die Schifffahrt und das Pferderennen[6] am Kessel bei Neuhausen, welches Kurfürst Carl Theodor am 19. Juni 1779 abhalten ließ, und die großen Illuminatlonen des Hofgartens, die auf Befehl König Maximilian Josephs bei verschiedenen erfreulichen Ereignissen ausgeführt wurden, die vorzüglichsten sein dürften.

§ 54.

In politischer Hinsicht möchte zu erwähnen sein, dass am Sitz dieses Lustschlosses mehrere Staatsverträge abgeschlossen wurden, als der Allianzs-Vertrag zwischen Kurbayern und der Krone Spanien vom 28. May 1741 (unter dem Namen Nymphenburger Vertrag bekannt), dann der Haupthausvertrag vom 5. September 1766 zwischen Kurbayern, Kurpfalz und Zweibrücken zur Sicherung der Wiedervereinigung der Kurpfalz mit Bayern, abgeschlossen zu Nymphenburg und Schwetzingen; nicht zu gedenken der vielen Staatsakten, die zu Nymphenburg ihre Ratifikation erhalten haben.

§ 55.

Leider knüpft sich an die neuere Geschichte Nymphenburgs mit so mancher freudigen Begebenheit, auch ein für Bayern höchst trauriges Ereignis.

Maximilian Joseph I., König von Bayern, genannt der Gute, entschlief hier sanft und ruhig in der Nacht vom 12. auf den 13. Oktober 1825, um in einer schöneren Welt wieder zu erwachen!

Das Schloss

Eine anmutige, einfache Linden-Aller, gepflanzt im Jahre 1758, mit zwei reinlichen Trottoirs an beiden Seiten versehen, empfängt den Besucher des freundlichen Nymphenburgs schon da, wo er die Vorstadt Münchens (Max Vorstadt) verlässt, führt denselben eine sanfte Anhöhe hinauf, und bringt ihn zu dem alten Dorf Neuhausen, welches eine kleine halbe Stunde von München entfernt zu seiner linken Hand in einer fruchtbaren Ebene heiter daliegt.

Bezüglich der älteren Geschichte dieses Dorfes erwähnt der berühmte bayerische Geschichtsschreiber Westenrieder eines sehr merkwürdigen Ereignisses, aus den Zeiten der ersten Verbreitung des Christentums in Bayern, er sagt: »Dieses Dorf stand viele Jahrhunderte, ehe München erbaut wurde, und wurde nach dem ehemaligen Besitzer *Huasam* oder *Hausen* genannt.

In der Kirche, welche zu Ehren des heiligen Nicolaus eingeweiht worden, ist der seel. Winthir berühmt, welcher um das Jahr 800, hochst wahrscheinlich mit anderen großen Engländern, dem heil. Bonifatius, Virgilius usw. usw. nach Deutschland und Bayern aus der Absicht kam, die wahre Religion und reinere Menschheit darin zu verbreiten. Er war, wie die uralten Nachrichten bezeugen, vom Adel, und da er in diese Gegend kam, kleidete er sich, um in seinem Vorhaben nicht gestört zu werden, und lebte wie unsere einheimischen Bauern.

Er soll neben der Kirche linker Hand, wo inwendig sein Altar aufgerichtet ist, in einem steinernen Sarg begraben liegen. Diesen hat auch ein Totengräber im Jahre 1770 zufälligerweise entdeckt, allein es war nicht im Geringsten nachgesucht.«

Gleich beim Eingang in das Dorf Neuhausen, wenn man von München kommt, links, steht das königl. Jägerhaus; wo selbst auch die Zwinger für die Jagdhunde angebracht sind. Dieses Gebäude war in den früheren Zeiten der bayerischen Kurfürsten ausschließlich nur für die französische Jagd, auch Parforce-Jagd genannt, bestimmt, welche mit allen ihren Attributen als Piquieren, Besuchsknechten, Jägern und Hundsjungen, wie auch den zu dieser Jagd gehörigen Pferden und Hunden daselbst einquartiert waren.[7)]

Dieses Jägerhaus war ehemals ein Schlösschen, und zwar der freiherrlichen Familie von Königsacker zugehörig. Dasselbe wurde bei dem Einfall der Schweden in Bayern, während des 30jährigen Krieges, verbrannt, später aber wieder neu erbaut.

Vorbei an dem Orte Neuhausen beugt der Weg etwas zur rechten Hand ab, und mündet alsbald in die großen zum königlichen Lustschlosse Nymphenburg selbst gehörigen Ausfahrt-Alleen ein, durch welche er bis Nymphenburg fortführt.

Diese Ausfahrt wird durch vier Reihen stattlicher Lindenbäume gebildet, in deren Mitte ein 100 Fuß breiter Kanal lauft, der aus einem großen Wasser-Bassin im Vorplatz des königlichen Schlosses entspringt; an seinem Ende aber unweit des so eben genannten Dorfes in ein rundes Becken, der Kessel genannt, sich endet. Das hellste Wasser füllt diesen Kanal, dessen reiner Spiegel den schönen Ästebau der großartigen Bäume mit ihrem dichten Blätterschmuck bildlich zurückwirft. Das Wasser führt viele Fische, besonders Karpfen, die mit ihren muntern Spielen den Lustwandler ergötzen.

Am Ende dieser 5300 Fuß (1,62 km) oder beinahe eine halbe Stunde langen, wahrhaft großartigen 40 Fuß (12,19 m) breiten Doppel-Alleen, deren majestätische Bäume ihre Äste, wie ein großes Laubdach über die Straße zusammen wölben, glänzt im heiteren Sonnenschein das königliche Lustschloss Nymphenburg.

Der Eindruck, welchen diese schönen Auffahrts-Alleem die mit dem dazwischen liegenden Kanal eine Gesamtbreite von 250 Fuß (76,2 m) einnehmen, auf den Besucher machen, wird durch den Umstand noch erhöht, dass in dieser Vollkommenheit und Größe der Bäume selten Alleen, am allerwenigsten aber im Oberland Bayerns, anzutreffen sind; daher sie für die Bewohner dieser Gegenden stets als ein Gegenstand der Neuheit und Seltenheit erscheinen werden. Aber auch Fremde, deren Augen wohl in Gegenden von bessern Lagen und tieferem Boden, als die hiesige, an ähnliche Anlagen gewöhnt sein möchten, werden dem ungeachtet durch die Großartigkeit der Zeichnung dieser Auffahrt nicht weniger überrascht und befriedigt sein.

Bei dem Austritte aus diesen Laubgewölben öffnet sich dem Besucher ein überraschender Anblick. Ein großer Halbzirkel, von unter sich verbundenen einzelnen Gebäuden gebildet, dehnt sich vor ihm aus, und schließt sich dem rechten und linken Flügel der Schlossgebäude halbkreisförmig an, welche letztere so zu sagen den Durchmesser des Zirkels bilden, und deren gerade Ausdehnung von Süd nach Norden eine Länge von 2350 Fuß (0,72 km) einnehmen. Kanäle und Rasenpartien füllen das Innere dieses großen Zirkels, in dessen Mitte und in der Fronte des Hauptschlosses sich aus einer, im Wasser liegenden Felsengruppe, eine herrliche Fontäne gegen 80 Fuß (24,38 m) hoch, kräftig in die Luft erhebt und dieser Szene nicht allein Leben und Bewegung, sondern auch den Charakter fürstlicher Größe ausdrückt.

Die Schlossgebäude

Kann auch der architektonische Stil der Schlossgebäude zu Nymphenburg die Aufmerksamkeit des Kunstkenners nicht auf sich ziehen, und seinen Kunstgeschmack befriedigen, da ersterer den Stempel eines Jahrhunderts an sich trägt, dessen verirrter Kunstgeschmack nur zu bekannt ist; so wird doch der Totaleindruck dieser weitläufig ausgedehnten in viele einzelne Stücke zerfallenden, und doch durch strenge Symmetrie in ein harmonisches Ganze vereinigten Schlossgebäude, welche mit freundlicher Heiterkeit ihn umgeben, und von der Mitte des Platzes aus völlig übersehen werden können, den nicht allzu strengen Kunstrichter angenehm überraschen und zufriedenstellen; er wird sodann ihrem einladenden Gruß auch ihr Inneres zu besehen, gewiss nicht widerstehen. Zwar wird der Besucher hier vergeblich den steifen Prunk großer Paläste und fürstlicher Residenzen, vergeblich die goldstrotzende Verkleidung und den antiken Reichtum alter Fürstengemächer suchen; er wird statt deren nur heitere, anmutige Zimmer, freundliche Säle und Galerien finden, deren Schmuck sich nicht höher erhebt, als es der Anstand für die fürstlichen Personen, die sie bewohnen, gebietet, und der mit der Herzlichkeit und Herablassung unserer Fürsten, welche von jeher ihren größten Reichtum und Schmuck in der Liebe und Anhänglichkeit ihres Volkes fanden, ganz im Einklang steht. Überall wird der gemütliche Besucher die Merkmale eines innigen, herzlichen Familienlebens, überall Erzeugnisse heiterer Stunden, im Schutz der ländlichen Muse durchlebt, gewahr werden.

Das Schloss zu Nymphenburg besteht aus dem mittleren großen Hauptgebäude von vier Stockwerken Höhe, wozu Kurfürstin Adelheide, wie schon erwähnt, den Grundstein gelegt hatte, dann aus vier Seiten-Pavillonen zu zwei Stöcken, welche durch zwei auf Arkaden ruhenden

Galerien mit dem ersteren verbunden sind, und die, wie oben gesagt, Max Emmanuel erbauen ließ. An diese schließen sich sodann die von Carl Albert und Maximilian Joseph III. erbauten großen Flügel-Gebäude an.

Man sieht hieraus, dass die Schlossgebäude daselbst weder von einem und demselben Regenten, noch zu einer und derselben Zeit erbaut sind, da im Gegenteil von deren Entstehung an, bis zur Vollendung der Hauptgebäude, fast ein Zeitraum von 90 Jahren verflossen ist.

Während dieser Zeit hatten vier Regenten über Bayern geherrscht, und alle vier zu der Vergrößerung dieses schönen Lustschlosses beigetragen; auch war in diesem Zeitraum ebenfalls vier nacheinander folgenden Architekten die Leitung des Baues anvertraut.

Hieraus ist zu vermuten, dass die Gebäude nicht alle nach dem ursprünglichen ersten Plan erbaut worden sind; obschon eine Differenz des Baustils nur an dem ersten mittleren Hauptgebäude, gegen die übrigen Gebäude der beiden Seitenflügel, augenscheinlich nachgewiesen werden kann.

Die Architektur des Hauptgebäudes nämlich zeichnet sich durch größeren äußeren Schmuck vor den übrigen ganz einfach gehaltenen Nebengebäuden aus. Eine große Marmorstiege, welche das erste Mal von Max Emmanuel 1714, das zweite Mal von Max Joseph III. in den Jahren 1770 bis 1775, und das letzte Mal von König Max Joseph I. im Jahre 1824 von Grund aus neu erbaut wurde, führt an der Hauptfront von außen zu dem ersten Stock in den großen Speisesaal; so wie eine ähnliche Stieg auf der Gartenseite zum gleichen Behufe daselbst erbaut ist.

Die über den Fenstern angebrachten Verzierungen im Stuck, antike Kriegstrophäen und Masken mit Laubwerk vorstellend, sind von dem geschickten Künstler Dubut, welcher auch in Rom und in Preußen ähnliche schöne Arbeiten geliefert hat.

Die Schlosshalle im Erdgeschoss ruht aus zwei Reihen gekoppelter Säulen; hier sind die Gemächer für die Hof-Officen, als für die Leinwand- und Silberkammer, die Mundschenkerei, wie auch der Eis- und Getränke-Keller und das Lokal für die Schlosswache angebracht.

Der große Speisesaal im ersten Stockwerke gehört zu den schönsten und merkwürdigsten Gegenständen, die das Schloss zu Nymphenburg darzubieten hat; ein Saal, der an Schönheit und Größe wenigen seinesgleichen nachstehen wird. Er bildet ein Parallelogramm von 90 Fuß (27,43 m) Länge und 45 Fuß (13,72 m) Breite, seine Höhe beträgt 58 Fuß (17,68 m) und reicht durch zwei Geschosse. Die Seitenwände sind mit vergoldeten römischen Pilastern, auf denen ein ebenfalls mit Vergoldung verziertes Gesimse ruht, ausgeschmückt. Die Zwischenräume und der Plafond sind durch Fresko-Malereien, welche im Jahre 1757 von Joh. Bapt. Zimmermann neu gefertigt wurden, geziert. Sie stellen mythologische und Szenen aus der Idillenwelt vor: die Decke nämlich enthält die Götter im Olymp, worunter Flora eine große Hauptgruppe bildet, in Anspielung, dass vorzüglich diese Göttin zu Nymphenburg ihren Sitz aufgeschlagen habe.

Die Seitenwände stellen Cephalos und Procris, Mars und Venus, dann Gegenstände aus dem Schäferleben vor. Der Fußboden ist mit weißen und roten Marmorplatten belegt; 6 große Glasluster und 12 Wandleuchter erhellen zur Nachtzeit den Saal.

Am Ende desselben auf der Seite gegen den Garten zu, erhebt sich eine auf drei Bogen ruhende Galerie, die vorne mit einem eisernen, vergoldeten Gitter versehen ist. Unten ist der Platz für die Kredenzen, oben aber befinden sich die Musik und die Zuseher bei öffentlichen Festlichkeiten. Die

Plafonds dieser Galerien sind ebenfalls in Fresko gemalt, und es stellt der obere Latona mit ihren eben geborenen Kindern, Phöbus und Diana, vor, wie sie die Götter anfleht, die Landleute, die ihr die Labung eines Trunkes Wasser verweigerten, zu strafen, und welch letztere sodann in Frösche verwandelt wurden.

Die Malerei des untersten zeigt Venus, die von Zephir zu einem Freudenfeste geladen wird, als Zeichen, dass die Liebe bei diesem nicht fehlen darf. An beiden Seiten erhellen sechs große Bogenfenster und drei kleine ovale Fenster den Saal.

Nichts gleicht dem herrlichen Prospekt, den man vom Saale aus, wenn auf beiden Seiten die mittleren Glastüren geöffnet sind, in die Ferne genießt. Auf der Seite gegen die Stadt zu überblickt man den großen Vorplatz, der von 10 im Halbkreis symmetrisch sich auf beiden Seiten wiederholend und unter sich verbundenen Gebäuden begrenzt ist, mit der prächtigen Fontäne, die sich aus dem mittleren großen Bassin erhebt.

Dann sieht man den breiten und langen Kanal mit seinen majestätischen Linden-Allem, die denselben auf beiden Seiten begleiten, von denen schon oben gesprochen wurde, und an deren Ende, über die Mitte des Kanals hin, in weiter Ferne den Turm des Dorfes Schwabing. Die andere Seite, gegen den Garten zu, korrespondiert mit der vorderen.

Das schöne, in einfache Formen geteilte Parterre mit dem großartigen Wasserstrahl, den eine zweite, daselbst angebrachte Fontäne auswirft, bildet den Vordergrund, der lange Kanal mit der Marmor-Kaskade den Mittel- und der Turm von dem Dorf Piping den Hintergrund des Prospektes, so dass das Schloss zwischen den beiden Türmen und den zwei Fontänen in die Mitte zu liegen kommt und mit diesen Gegenständen eine gerade Linie von einer Ausdehnung von fast zwei Stunden Wegs bildet. Auf beiden Seiten öffnen sich Aussichten in die umliegende Gegend. Alles dieses lässt sich beinahe mit einem Mal übersehen.

Rechts und links neben dem großen Speisesaal befinden sich die älteren fürstlichen Gemächer und Prunkzimmer. In dem kleinen Vorsaal zur rechten Hand, gegen den südlichen Schlossflügel, hängen die lebensgroßen Bildnisse des Kurfürsten und nachmaligen römischen Kaisers Carl Albert VII. und seiner Gemahlin Maria Amalia, Kaiser Josephs I. Tochter, gemalt von Des Marées.

Der Plafond daselbst zeigt die Nymphe Arethusa, von Triva im Jahre 1763 gemalt. Die Nymphe hält eine Urne, die das Wasser der Quelle vorstellt, in die sie durch Diana verwandelt wurde; drei Genien gießen das Wasser des Flussgottes Alpheus, der in sie verliebt ist und sich mit ihr zu vereinigen sucht, hinein.

Über den Türen hängen 4 Landschaften von Günther.

Das Vorzimmer enthält einen ebenfalls von Triva gemalten Plafond, welcher die Göttin Kybele als Repräsentantin der Erde vorstellt, Genien reichen ihr eine Mauerkrone und die verschiedenen Erzeugnisse der Erde. Ober den Türen hängen 2 Blumenstücke, von Winter gemalt.

Alle Aufmerksamkeit verdient der hier befindliche steinerne Tisch, welcher aus lauter kostbaren Steinen, als: Calzedonia, Amethysten, Achaten, Lapislazuli usw. zusammengesetzt ist, und die schönsten Arabesken mit Vögeln und Blumen vorstellen. Carl Albert ließ diesen und noch einen anderen Tisch in Paris machen; diese Stücke sollen samt dem Kamin, der sich im Speisesaal zunächst den Kaiserzimmern befindet, mehr als 60.000 fl. gekostet haben.

Der Plafond des Schlafzimmers stellt eine Flora vor, er ist gleichfalls von Triva gemalt. Vier Landschaften über den Türen sind von Stephan Müller. Über dem Kamin hängt ein allegorisches Bild von Rottiers. Es stellt Max Emanuel vor, wie er nach dem spanischen Erbfolgekrieg im Jahr 1715 wieder in seine Staaten zurückkehrt.

Gegenüber hängt ein anderes kleineres Gemälde; es zeigt den Kurfürsten Max Joseph III. im Schlafrock an seiner Drehbank sitzend und sich mit dem Grafen von Salern unterhaltend.

Der Kurfürst liebte bekanntlich diese Beschäftigung, und verfertigte sehr schöne Arbeiten dieser Art, wovon noch mehrere vorhanden sind, unter anderem ein Kronleuchter von Holz in der Eremitage im Garten und zwei Tischleuchter aus Elfenbein, die sich im Schloss befinden. Dieses Bild ist von Dorner.

Das japanische Kabinett, dessen Wände mit acht chinesischer Holzvertäfelung, auf denen die Figuren auf schwarz lackiertem Grund, teils etwas erhaben, teils vertieft aufgetragen sind, und Menschen, Tiere, Blumen und Lustgebäude darstellen, nimmt sich in dieser Ausstattung für unseren gegenwärtigen Zeitgeschmack etwas seltsam aus; allein damals waren diese Art Dekorationen sehr beliebt und ihrer Kostbarkeit wegen vorzüglich nur für den Schmuck der fürstlichen Gemächer bestimmt.

Der kleine Vorsaal zur linken Hand, gegen den nördlichen Schlossflügel und vor den Fürstengemächern dieser Seite, enthält die lebensgroßen Bildnisse des Kurfürsten Maximilian Emanuel mit der Ansicht der Festung Namur, von Vivien im Jahre 1711 gefertigt, und das seiner zweiten Gemahlin Theresia Cunigunda, Tochter Königs Johann III. Sobiesky von Polen, von Winter nach Vivien gemalt. Der Plafont stellt Ceres mit einer Lichtkrone auf dem Haupt vor und ist von Anton Zanchi gefertigt, die 4 Eckstückchen aber sind vom Maler Gump beigefügt worden. 4 Tableaur über den Türen stellen die vier Elemente durch Kinder sehr sinnvoll ausgedrückt dar, und sind von Amiconi.

Das Vorzimmer enthält die lebensgroßen Bildnisse des Kurfürsten Carl Theodor im Kostüm, als Großmeister des St. Georgi-Ritter-Ordens, gemalt von Hickel, und das seiner ersten Gemahlin Elisabethe Auguste, Tochter des Pfalzgrafen Joseph Carl Emanuel zu Sulzbach, ebenfalls von Hickel gemalt. Endlich das Bild Marien Leopoldinens, Erzherzog Ferdinands von Österreich Tochter und zweite Gemahlinn Carl Theodors, gemalt von Hauder; den Plafond daselbst ziert ein von Andreas Wolf gemaltes allegorisches Bild.

Das Schlafzimmer zeigt ein sehr schönes Plafondgemälde von Triva. Es stellt Thetis, die Göttin des Meeres, dar, wie Genien ihr die Attribute des von ihr beherrschten Elementes, als: Perlen, Muscheln und Korallen, reichen. Diesen Gemächern folgt ein kleines, freundliches Kabinett, dessen Plafond mit vergoldeten Zierraten geschmückt ist.

Die oberen Stockwerke des mittleren Schlosses enthalten die Wohnungen der Hofdamen, einige Gönner-Zimmer mit den dazugehörigen Lokalitäten für das Dienstpersonal.

An das Hauptgebäude, den mittleren Pavillon nämlich, schließen sich nun die beiden, auf Arkaden ruhenden Seitengalerien, welche dieses mit den folgenden Pavillons verbinden, an; letztere sind zweifach und enthalten auf der Hauptseite die lange Verbindungsgalerie, auf der Seite gegen den Garten aber kleine Wohngemächer für das Dienstpersonal, welches zunächst den fürstlichen Personen beschäftigt ist.

Die Galerie zur rechten Hand enthält folgende Gemälde, als: die Ansichten von den kurfürstlichen Schlössern

1) Isareck an dem Zusammenfluss der Amper und der Isar, von Stephan Müller 1751 gemalt.

2) Schleißheim von der Gartenseite, von Beich.

3) Schleißheim von der vorderen Seite, von Stuber.

4) Lustheim, Gartenschlösschen bei Schleißheim, von der Ostseite;

5) Dasselbe von der Westseite;

6) Schloss Lichtenberg am Lech; dann

7) die Stadt Landshut mit dem Schlosse Trausnitz; letztere vier Gemälde sind von Beich. «

8) Haag, von Stephan Müller im Jahre 1758 gemalt.

9) Dachau an der Amper;

10) endlich Kling bei Wasserburg, beide letztere von Beich.

Alle, die hier aufgezählten und in Bayern befindlichen Schlösser waren früher den bayerischen Kurfürsten zugehörig.

Die Galerie zur linken Hand enthält an Gemälden:

1) Eine Ansicht des Garten-Pavillons Baadendurg zu Nymphenburg, mit seinen Parterren und Wasserwerken.

2) Eine vordere Seite des Lustschlosses Nymphenburg selbst.

3) Eine andere desselben Schlosses von der Gartenseite.

4) Das Jagdschloss Fürstenried mit dem Curée einer Parforce-Jagd.

5) Eine andere Ansicht von Badenburg im Garten zu Nymphenburg, von der Nordseite.

6) Das Schloss Stahrenberg mit dem großen Schiffe, der Bucentauro genannt.[8)]

7) Eine Ansicht der Parterre im Garten zu Nymphenburg.

8) Eine des Schlosses Berg am Würmsee.

9) Eine der großen Marmor-Kaskade im Garten zu Nymphenburg; endlich

10) Eine des Garten-Pavillons Pagodenburg daselbst.

Sämtliche Ansichten sind von Beich gemalt.

Der erste Pavillon zur Rechten enthält die Zimmer, welche zurzeit König Maximilians fast ganz von der königlichen Familie und ihrer Dienerschaft bewohnt wurden. Die Zimmer im ersten Stock, welche die Königin, und die zu ebener Erde, welche der König damals bewohnten, zeichnen sich durch große Einfachheit, aber da sie nach dem Garten zu gelegen, durch besondere Freundlichkeit aus. Die Zimmer des zweiten Stocks pflegen auch gegenwärtig die königlichen Prinzen und Prinzessinen zu bewohnen. In dem Gang, welcher die Appartements des ersten Stocks in zwei Abteilungen teilt, hängen zwei schöne, große Gemälde, sogenannte Küchenstücke, da sie dahin gehörige Gegenstände enthalten, als totes Wildpret, Vögel, Fische, Gartenprodukte usw.; das Eine ist von Sneyders, das Andere von Fyt gemalt.

Der erste Pavillon zur linken des Schlosses enthält die sogenannten Kaiserzimmer, in welchen schon Kaiser Franz I. von Österreich, Alexander I. von Russland, und Napoleon bei ihren Hiersein am königl. Hof gewohnt haben. Den Namen Kaiser-Zimmer tragen dieselben jedoch von der Kaiserin Maria Amalia, Gemahlin Kaiser Carl Alberts, welche bei ihrem Aufenthalt in Nymphenburg diese immer bewohnt hatte.

Die Kaiser-Zimmer zeichnete sich durch besondere Pracht ihrer modernen Möblierung aus; das Vorzimmer ist mit zwei großen Ölgemälden dekoriert. Dieselben stellen den Chiemsee und den Staffelsee in Ober-Bayern vor, und sind, der erstere von Heinrich Heß, der zweite von Warenberger gemalt.

Im Speisezimmer bemerkt man den bereits oben erwähnten schönen Kamin von kakarischem Marmor mit vergoldeten Bronce-Verzierungen dekoriert, samt zwei Konsoltischen von gleicher Art. Die Arbeit von sehr schöner Skultur umfasst sowohl die Verkleidung des sogenannten französischen Kamins, wie auch den über demselden angebrachten Spiegel gleich einer Rahme. Ihre Majestät die Königin Therese pflegen gegenwärtig bei ihrem Hiersein diese Kaiserzimmer zu bewohnen.

Oberhald diesen Appartements im zweiten Stocke befinden sich die Zimmer, welche Se. Majestät König Ludwig I. als Kronprinz zu bewohnen pflegten, daher dieselben auch zur Erinnerung unverändert in dem damaligen Zustand erhalten werden.

Zu ebener Erde befinden sich ebenfalls schöne Gemächer mit dem Billard- oder dem vormaligen Spiegelsaal.

Der zweite Pavillon rechts enthält Zimmer für fremde fürstliche-Personen, und Wohnungen für die höheren Personen des Hofdienstes; zu ebener Erde sind zwei Hof-Officen, als die Konditorei und die Proviant-Kammer.

In einem Zimmer des zweiten Stocks befindet sich ein Gemälde, welches die kurbayerische und kursächsische Regenten-Familien, wie solche im Jahre 1760 in München beisammen waren, vorstellt.

Das Gemälde besteht aus drei Gruppen. Die zur rechten Hand ist ein Konzert und besteht aus folgenden Personen: Maria Josepha, Markgräfin von Baden, und geborene kaiserl-. Prinzessin von Bayern, spielt das Klavier, Clemens August, Kurfürst von Köln und Herzog in Bayern, das Violoncello, der Prinz Carl von Sachsen begleitet mit der Flöte und Clemens Franz, Herzog in Bayern, in einer blauen Hirschjagd-Uniform schlägt den Takt; während Prinzessin Elisabeth von Polen und Sachsen singt. Kurprinz Friedrich Christian sitzt auf seinem gewöhnlichen Stuhl mit zwei Rädern, links sein 9-jähriger Prinz Carl, hinter ihm sein Obersthofmeister Graf Salmoure von Wackersbarth; die königlich polnisch und kursächsischen Prinzen Albert August und Clemens, letzterer in geistlicher Kleidung, kommen eben eine Treppe herab. Der polnische Kämmerer von Seidewitz geht ihnen entgegen; zunächst steht das bayerische Kammerfräulein Friederike von Schönberg und Freifrau Maria Jos. von Wezel; dann der polnische Minister Graf von Rex, und endlich der kurfürstliche General-Major Graf Joseph von Salern.

Die zweite Gruppe ist eine Quadrille-Spielpartie, welche der Kurfürst Max Joseph III., die poln. sächs. Prinzessin Christina, der Kardinal Theodor, Herzog in Bayern, und die kaiserl-. bayer. Prinzessin Josepha bilden.

Daneben steht die vierjährige Prinzessin Maria Amalia, Friedrich Christiano Kurprinzen von Sachsen Tochter; hinter dieser befinden sich der königl-poln. kursächs. Prinz Xaver mit seiner Schwester Maria Anna, regierende Kurfürstin in Bayern.

Hinter der Prinzessin steht ihr Kammerfräulein Gräfin Franziska von Wahl und hinten auf einem Balkon der kurfürstliche Kammerknabe Baron Jud. von Frauenberg und der kurfürstl. Vice-Oberststallmeister Ignaz Baron von Zindt.

Die dritte Gruppe am Kaffeetisch wird durch folgende Personen gebildet, als: Maria Anna, Herzogin von Bayern, Gemahlin Herzogs Clemens; die königl. poln. kursäch. Prinzessin Kunigunde, Gemahlin des Kurprinzen von Sachsen; Maria Antonia, kaiserl. Prinzessin von Bayern, dann das Kammerfräulein Gräfin von Reuchlin; die Hofdame Gräfin von Haimhausen, und endlich der General-Adjutant Graf von Daun. Auch Kiau, der Hofnarr, am damaligen sächsischen Hof, fand im Hintergrund des Gemäldes ein kleines Mädchen.

Das Gemälde enthält 32 Personen, ist 7 Schuh lang und 5 hoch, wurde von Peter Horemans 1761 gefertigt, und soll 300 Dukaten gekostet haben.

Der Pavillon, diesem gegenüber, der sogenannte Kapellenstock, enthält außer der Wohnung für die geistlichen Räte und jener des jeweiligen Schlossverwalters, auch die Hofkapelle, welche wahrscheinlich anstatt der alten, größtenteils hölzernen St. Magdalenensapelle, die schon oben erwähnt worden, und ziemlich auf deren Stelle erbaut wurde. Im Jahre 1715 wurde sie von Kurfürst Clemens von Köln zu Ehren der heiligen Magdalene eingeweiht.

Der *al fresco* gemalte Plafond ist von dem kurfürstlichen Kammermaler Joseph Mölkh im Jahre 1759 gefertigt. Die Capelle enthält 2 Altäre, der Hauptaltar zeigt statt des Altarblattes die Statuen von Christus und der heiligen Magdalene, und stellt die Szene dar, wo der wiedererstandene Heiland der Heiligen als Gärtner im Garten erscheint. Der Seiten-Altar enthält als Altarblatt den heiligen Hubertus von Maler Sing gefertigt. Ein Oratorium für die höchste Herrschaft und ein zweites für den Hofadel ziert diese Kapelle.

Die folgenden langen Flügelgebäude, erbaut im Jahre 1729 — 1724 durch den Hofbaumeister Couvillier, enthalten, und zwar der zur Rechten, die Hofküche mit den Zimmern des Hofküchenpersonals; der zur Linken im ersten Stock die Zimmer des Obersthofmeisters und Oberstkämmerers, dann das Gardemeuble und die Geschirrkammer; endlich zu ebener Erde die Hofapotheke und die Hofwäscherei. Die darauffolgenden zwei großen Flügelgebäude rechts, wovon das erste rechtwinklig hervorspringt, und das andere wieder mit dem Schloss parallel läuft, wurden im Jahre 1749 erbaut. Sie enthalten unten die königl. Hofstallungen, welche durch das ganze Erdgeschoss laufen, und wovon der sogenannte Leibstall sich, durch Schönheit wie durch Zweckmäßigkeit vorteilhaft auszeichnet; dessen Decke besteht aus drei Gewölben, wovon das mittlere auf 2 Reihen steinerner Säulen ruht, welche letztere zugleich den mittleren Gang bilden, während rechts und links die Nebenräume für die Pferdestände eingerichtet sind, wo selbst auch das Licht einfällt. Der Leibstall besteht aus zwei Abteilungen, wovon jede für 40 Pferde eingerichtet ist. Die gesamten Hofstallungen aber bieten 300 Pferdestände dar.

Der obere Stock wird von Wohnungen der ersten Hofbediensteten, dann von einigen Bedienten-Zimmern eingenommen.

In dem Pavillon an der vorderen Ecke sind die Zimmer, welche Se. Königl. Hoheit der Prinz Carl von Bayern ehemals bewohnte, zu ebener Erde ist die Hauptwache.

Diesen beiden Flügeln entsprechen zwei andere auf der linken Seite des Schlosses, wovon der eine im Jahre 1753 durch den Hofbaumeister Gunetzrainer erbaut ist, und im Erdgeschoss die Orangerie und die Hofwaschküche, im ersten Stock aber den Tonart-Saal enthält. In diesem Saal wurden in frühem Zeiten die großen Jagd-Banquette gehalten, welche nach der, am St. Hubertus Tag gewöhnlich abgehaltenen großen Jagd, stattfanden, und welche sehr zahlreich und mit allem Glanz der kurfürstlichen Jagd gefeiert wurden; daher dieser Saal den Namen Hubertus Saal trägt. Den Eck-Pavillon füllt das Lokal des Brunnenhauses aus, worin sich die hydraulische Maschine zur Fontäne vor dem Schloss befindet, von der noch besonders Erwähnung geschehen wird.

Hierauf folgt die Klosterkirche. Diese Kirche gehörte zu dem ehemaligen Konvente der Klosterfrauen Notre Dame, welche Carl Albert im Jahre 1730 aus Luxemburg in Frankreich hierherkommen ließ, um ihnen den Unterricht der weiblichen Jugend anzuvertrauen.

Anfangs waren es nur fünf regulierte Chorfrauen, welche sich aber bald mit Einschluss der 8 Schwestern auf 30 vermehrten. Der Kurfürst räumte ihnen den zunächst an die Kirche stoßenden Flügel des Schlosses mit dem dazugehörigen Garten ein, und schoss zu ihrem Unterhalte ein Kapital von 12.000 fl. vor.

Die sehr schöne und freundliche Kirche wurde im Jahr 1739 den 16. Mai zu Ehren der heiligen Dreifaltigkeit eingeweiht. Sie enthält 3 Altäre, wovon der mittlere oder Hauptaltar, ein von Diepolo, einem Venezianer, gemaltes Altarblatt, den heiligen Clemens, wie er in päpstlicher Kleidung die heilige Dreifaltigkeit anbetet, vorstellt.

Die Klosterfrauen blieben bis zum Jahre 1816, um welche Zeit ihre Anzahl bis auf 77 Frauen und 6 Schwestern zusammen geschmolzen war; sie wurden sodann mit den Klosterfrauen im Herzogspital zu München vereinigt, die hiesigen Klostergebäude aber zu einem weltlichen weiblichen Erziehungs-Institut verwendet, und dessen Leitung einer weltlichen Vorsteherin anvertraut. Gegenwärtig aber und seit dem Jahre 1835 ist die Leitung dieses Institutes wieder klösterlichen Personen, nämlich den sogenannten englischen Fräulein übergeben worden.[9)]

Es befinden sich daselbst stets eine Anzahl von 50 bis 60 Zöglingen, aus hohen und mittleren Ständen.

An dieses Kloster-Gebäude reiht sich ein anders, etwas niederes und nur einstöckiges Gebäude an, das den Schluss des linken Schlossflügels bildet.

Dieser Teil wurde im Jahre 1718 erbaut und durch Kurfürst Maximilian Emanuel zu einem Hospitium (Herberge) für Kapuziner bestimmt, deren 6 Patres und einige Laienbrüder im folgenden Jahre dieses Gebäude bezogen, die Klausur aber erst im Jahre 1720 einführten. Ihre Bestimmung war, den Gottesdienst in der Hofkapelle und in der Klosterkirche zu versehen. Auch halfen dieselben bei der Seelsorge aus und gaben den Religions-Unterricht in den hier befindlichen Schulen.

Bei Aufhebung der Kloster im Jahre 1802 hörte auch dieses Hospitium (Herberge) wieder auf, und das Gebäude wurde zur Wohnung der Hofdienerschaft verwendet.

Dem ehemaligen Kapuziner-Hospitium-Gebäude entspricht auf der rechten Seite des Schlosses, das zur ehemaligen Schwaige, jetzt nur mehr ein Wirtshaus, gehörige Gebäude, das im Jahre 1750, als die alte Schwaige Kemnat abgebrannt war, neu erbaut wurde.

Es folgen dann mehrere ökonomische Gebäude für Schmiede, Schlosser, Bauwerkstätten, die Kaserne, das Feuerrequisiten-Haus, Pferdestallungen mit 5 großen Hofräumen usw.

Aus dieser kurzen Beschreibung der Schloßgebäude zu Nymphenburg wird man ersehen, dass dieselbe eine große Ausdehnung enthalten und daher einen beträchtlichen bewohnbaren Raum in sich schließen, weswegen man nicht erstaunen möge, wenn die Anzahl der großen und kleinen zum Bewohnen bestimmten Gemächer auf 300 angegeben wird.

Für die Schlossgebäude besteht daselbst eine eigene, dem kgl. Obersthofmeister-Stab untergeordnete Schloss-Verwaltung, mit den ihr untergehenen Schlossdienern, so wie sich auch für die Unterhaltung aller königl. Gebäude eine eigene, der königl. Hofbau-Intendanz untergeordnete Bauverwaltung daselbst befindet.

Der Garten

Es wurde schon oben erwähnt, dass der Garten zu Nymphenburg, zu dem der Garten-Ingenieur Carbonet den Plan machte, und der auf Befehl Kurfürst Max Emanuels im Jahre 1702 in einem großartigen Stil begonnen worden, im regulären, das heißt, im französischen Gartengeschmack ausgeführt wurde; da man damals den natürlichen Gartenstil, das heißt, den englischen, der, wie Chambers uns versichert, seinen Ursprung aus China haben soll, selbst in England noch nicht gekannt hatte.

Der reguläre Gartenstil hingegen ist schon sehr alt, da ihn schon die Römer bei ihren Gärten in Anwendung brachten, und war gerade um die benannte Zeit im größten Flor. Derselbe sollte eigentlich der Italienische heißen, da er in Italien, wo er zum Teil jetzt noch in seiner größten Reinheit und Erhabenheit zu finden ist, am ersten in Anwendung kam. Indessen bemeisterten sich die Franzosen gegen das Ende des 17ten Jahrhunderts dieses Gartenstils, modifizierten aber denselben in vielen Stücken; das heißt, sie nahmen ihm seine erhabene Einfachheit und Großartigkeit, und überladen denselben mit unzähligen Schnörkeleien in seinen Parterren und Charmillen, fügten ihm eine Menge kleinlicher Ausstaffierungen an Wasserspielereien, Berceaux und Bilderwerken bei, und erschufen so einen ganz neuen Gartenstil, der nunmehr der Französische genannt wird.

Le Notre, den berühmten Garten-Ingenieur des Königs Ludwig XIV. von Frankreich, kann man als den Schöpfer dieses Gartengeschmackes anerkennen, und unter seiner

Leitung und auf Anordnung des eben benannten prachtliebenden Regenten, entstanden die weltberühmten Garten-Anlagen zu Versailles, Chantilly, St. Cloud, Meudon, Sceaur, Fontainebleau, St. Germain und der Garten der Tuillerien zu Paris.

Auch im Ausland eiferte man sich diese schönen Muster nachzuahmen, und sie durch den berühmten Meister anlegen zu lassen oder doch dieselben nach seinen Zeichnungen und Angaben zu bearbeiten. Le Notre wurde nach England berufen, wo er unter anderem die Gärten zu Hampton-Court und Windsor anlegte. Ob nun dieser Meister auch bei Entwerfung der Pläne, für den Garten zu Nymphenburg zu Rate gezogen oder ob Carbonet, der zwar aus den Niederlanden nach Bayern kam, gar ein Schüler Le Notres gewesen ist, lasst sich mit Bestimmtheit nicht ermitteln; nur so viel ist gewiss, dass in späterer Zeit um das Jahr 1715 ein anderer Garten-Ingenieur, Namens Girard, ein geborener Pariser, nach Bayern kam, welchen Ludwig XIV. dem Kurfürsten empfohlen hatte, und der sodann als Garten-Inspektor und Fontainier zu Nymphenburg angestellt, die Zeichnungen zu den feineren Ausschmückungen des Gartens und besonders zu den Wasserwerken geliefert hat.

Eben so gewiss ist es aber auch, dass zwar in etwas späterer Zeit ein anderer Garten-Architekt, Namens Math. Disel, ein Deutscher, welcher sich lange in Frankreich aufgehalten und daselbst die Anlagen Le Notres studiert hatte, in Bayern durch seine französischen Gärten, die er für die Schlösser des Adels daselbst anlegte, großes Aufsehen erregte, und bei den Anlagen zu Nymphenburg vielfach zu Rat gezogen wurde, auch den Titel eines Garten-Inspektors führte.

Disel ließ auch durch die Kupferstecher Remshart und Corvinus in Augsburg 95 Blätter mit Ansichten aus den vorzüglichsten französischen Garten, besonders deren zu Nymphenburg und Schleißheim, auch Salzburg in Kupfer stechen, welche für die Liebhaber der alten Gartenkunst von großem Interesse sind.

Wer immer aber auch das Verdienst der ersten Anlage des alten Gartens zu Nymphenburg in Anspruch nehmen mag, so ist auf jeden Fall so viel ausgemacht, dass dieser Garten in seiner Art einer der schönsten des damaligen Deutschlands gewesen ist, und sich vorzüglich durch eine unglaubliche Menge künstlicher Wasserwerke, als: Fontainen, Nape-d'eaux, Bouillon-d'eaux, Kaskaden und wie dergleichen Gegenstände in der französischen Kunstsprache heißen, von vielen anderen Gärten dieser Art vorteilhaft ausgezeichnet hat.

Besonders reich aber war das Parterre mit Wasserkünsten versehen. Fünf Bassins, deren Mitte mit bleiernen und vergoldeten Bilderwerken geziert waren, und welche größtenteils als Emissären für Wasserstrahlen dienten, schmückten deren Mitte.

Statuen und Urnen, aus gleichen Materialien symmetrisch verteilt, bezeichneten die Hauptformen des mannigfaltig in unzählige, den Arabesken ähnliche Formen, zerteilten Rasens, der mit Reihen von Zwergbux eingefasst war; während die den Wegen ähnlichen Zwischenräume mit gefärbten oder weißen Steinchen, oder auch mit gestoßenem Glas aller Farben ausgestreut wurden; so dass das Ganze, besonders von der Höhe gesehen, einem schönen Mosaikboden glich, der mit seinen Vasen und vergoldeten Bildwerken im Sonnenschein den herrlichsten Anblick gewährte.

Zunächst dem Schloss auf beiden Seiten befanden sich wieder besondere kleine, allerliebste Gärtchen. Das Eine hieß das Kaisergärtchen, weil es zunächst den Appartements der Kaiserin Amalia gelegen war.

Es enthielt schattige Berceaux, mit steinernen Termen geziert, Blumenparterre und eine zierliche Volière für Kanarienvögel. Das andere Gärtchen an dem südlichen Schlossflügel wurde das Kabinettsgärtchen genannt, da es den fürstlichen Kabinetten zunächst lag; es enthielt eine ähnliche Ausschmückung, wie das eben erwähnte, und war zur Aufstellung der Orangerie bestimmt. Auch ein Vogelhaus, das noch jetzt besteht, befand sich zur Aufbewahrung einheimischer Singvögel, besonders für Nachtigallen daselbst, deren melodischer Gesang bis in die zunächst liegenden Schlafzimmer gehört wurde.

Die beiden Seiten des großen Parterres im Garten nahmen Anlagen aller Art, als ein Labyrinth, ein natürliches Theater, die Vexierwässer und die Plätze für die gymnastischen Spiele der Fürsten ein, unter letzteren das Passspiel, welches von Kurfürst Maximilian Emanuel selbst erfunden und mit den erforderlichen Regeln versehen worden sein soll, eine besondere Erwähnung verdient.

Die entfernten Gegenden des großen Gartens bestanden größtenteils aus einfachen Sternalleen, in deren Mittelpunkte sich Gartengebäude mit Wasserwerken und kleinen Parterren befanden; ferner zeigte der Garten eine große Kaskade, eine Maille-Bahn (Pallamaglio), eine Fasanerie und einen kleinen Wildpark.

So reich und beweglich nun auch das Parterre mit seinen zunächst liegenden Parthien erschienen ist, so gewährte doch der übrige Teil dieses großen, streng symmetrischen Gartens nichts weniger, als dasselbe belebte, anziehende Bild. So sehr auch der Anblick dieser großartigen Regularität in Einteilung und Bepflanzung, so wie der Reichtum der Wasserwerke und der plastischen Verzierung, alles mit architektonischer Genauigkeit verteilt, im ersten Augenblick überraschend erschien und zur näheren Betrachtung reizte; so waren doch alle diese Herrlichkeiten nicht imstande, das Gemüt des Lustwandlers auf längere Zeit anzusprechen oder seinen Verstand zu beschäftigen; am allerwenigsten aber, bei näherer Betrachtung, sein richtiges Kunstgefühl zu befriedigen.

Denn die einzelnen Gegenstände der plastischen Künste, welche dem Garten zur Zierde dienten, waren größtenteils von höchst mittelmäßiger, oft sogar schlechter Arbeit, so dass durch dieselben, weit entfernt das ästhetische Gefühl befriedigt, dieses weit öfter beleidigt wurde.

Wer daher den Total-Eindruck solcher regulärer Garten einmal genossen hatte, durfte keine neuen Genüsse mehr gewärtigen; sie waren gleich Theaterszenen immer unverändert dieselben, und boten früh oder spät, fast in jeder Jahreszeit, heute wie nach Jahren, immer das nämliche stereotype Bild dem Lustwandler dar.

Die symmetrische Gleichheit ihrer Teile vermehrte noch ihre Monotonie; wer die eine Seite gesehen, kannte nun schon die andere, da, wie ein geistreicher Schriftsteller sagt, die eine Seite der wahre Abdruck der anderen gewesen ist:

> Grove nods at grove, each Alley has a brother
> And half the Platform just reflects the other.
>
> Pope

Man kann sich wohl denken, welche Summen die Anlagen solcher Gärten in Anspruch genommen haben mögen, und dennoch konnten alle ihre Herrlichkeiten sie nicht vor der Metamorphose der Zeit, nicht vor dem Verdammungs-Urteil des besseren Geschmackes retten!

Als Chambers uns mit den Garten der Chinesen bekannt gemacht hatte, die er als treue Kopien der natürlichen Landschaft bezeichnet, als Bacon, Milton, Pope und Tasso uns die Reihe der ungebundenen Natur geschildert, Kent und Brown aber uns selbst Muster natürlicher Gärten vorgeführt hatten; da musste die Natur wieder in ihre

Rechte treten, und triumphierend zog sie an der Hand des bessern Geschmackes, gegen die Mitte des 18ten Jahrhunderts, wieder in unsere Gärten ein.

Die Fesseln der Regularität zerbrachen; frei und ungebunden durfte der Baum wieder seine Arme in die Luft erheben, keiner neidischen Schere war es mehr vergönnt, ihn seines Schmuckes zu berauben.

Munter und leicht rieselte die durchsichtige Welle wieder über das reinliche Kiesbett, hundertfältige kleine Wasserfälle in tausend Windungen bildend, dem samtenen Grün der blumenreichen Wiese zu; sie, die bisher im steinernen Sarg gesangen, in träger Ruhe dahin geschlichen war!

Freundlichen lächelte nun die Blume aus dem dunklen Grün der Gebüsche, deren Rand sie ziert, als ehemals, da sie in steife Glieder gereiht, die Beete des Parterres zieren, und ihr farbenreiches Antlitz ohne Schutz den sengenden Strahlen der Sonne preisgeben musste usw. Solche Veränderung brachte der natürliche Gartenstil in unsere Gärten hervor!

Dass indessen der reguläre Garten in seiner erhabenen Einfachheit, und besonders in Verbindung mit einer großartigen Architektur, ebenfalls seine Schönheiten besitzt, ja dem natürlichen in solchen Fällen weit vorzustehen sei, wer wollte daran zweifeln?

Und wenn derselbe, als der ältere, vielleicht auch eine kurze Zeit, wie es so gerne bei Neuerungen geschieht, etwas verkannt wurde; so ist man doch in der neueren Zeit wieder von diesem Irrtum zurückgekommen, indem man die Vorzüge und die geeignete Anwendung beider Gartenstil mit mehr Richtigkeit zu beurteilen gelernt hat.

Abbé Délille in seinem schönen Gartengedicht spricht sich in dieser Hinsicht sehr richtig folgendermassen aus:

Chacun d'eux a ses droits; n'excluons l'un ni l'autre;
Je ne décide point entre Kent et Le Notre.
L'un, content d'un verger, d'un bocage, d'un bois,
Dessine pour le sage, et l'autre pour les rois.
Le rois sont condamnés à la magnificence:
On attend autour d'eux l'effort de la puissance;
On-y veut admirer, enivrer ses regards
Des prodiges du luxe, et du faste des arts.
L'art veut donc subjuguer la nature rebelle;
Mai c'est toujours en grand, qu'il doit triompher d'elle.
Son éclat fait ses droits; c'est un usurpateur
Qui doit obtenir grâce à force de grandeur.

Als daher auch die französischen Gartenanlagen zu Nymphenburg einem edleren Geschmack weichen mussten, war des Künstlers Augenmerk besondere darauf gerichtet, den symmetrischen Gartenstil da beizubehalten, wo derselbe mit dem königl-. Schloss in Verbindung stand, und mit der architektonischen Regularität dessen Teile in geeignete Harmonie getreten war. Dieses geschah vorzüglich bei den großen Parterren und den beiden mittleren Prospekten gegen die künstliche Marmor-Kaskade, welche Partien mit geringen Veränderungen dieselben blieben, die sie früher waren; während alle übrigen Teile des Gartens in das Gewand der natürlichen Landschaft gekleidet worden sind.

Es war um das Jahr 1804, als Kurfürst Maximilian Joseph, mit dessen Regierungs-Antritte im Jahre 1799 für Bayern überhaupt ein neuer Zeitgeist erschienen war, seinem damaligen Hofgarten-Intendanten Friedr. Ludw. Sckell[10)] den Auftrag erteilte, den alten französischen Garten zu Nymphenburg in eine neue Anlage im natürlichen Gartengeschmack umzuwandeln, d. h. diesen französischen Garten in einen englischen umzuändern.

Zwar hatte man schon früher mit einigen Abänderungen des Parterres, bezüglich der daselbst vorhanden gewesenen Wasserwerken begonnen; auch wurden auf Befehl des Kurfürsten schon im Jahre 1800 mit neuer Herstellung der Gartenteile zunächst dem Schloss der Anfang gemacht, und diese durch den kurfürstlichen Hofgärtner Mathias Sckell, einem Bruder des Intendanten, ausgeführt; aber im obigen Jahre erst genehmigte der Kurfürst die General-Pläne der Umänderung des ganzen Gartens, die nun sogleich mit aller Kraft begonnen und bis zum Jahre 1826 fortgeführt worden sind.

Wohl musste die Axt an manchen Orten tief in die steifen Pflanzungen des alten regulären Gartens eingreifen; wohl musste mancher herrliche Baum, unter dem Krachen seiner Äste auf den Boden hingestreckt, sein langes Leben damals beschließen, und die schönen Verse Délilles fanden hier vollkommen ihre Anmeldung, als er sagt:

O Versaille! ô regrets! ô bosquets ravissans,
Chefs-d'oeuvre d'un grand roi, de le Notre et des ans!
La hache est à vos pieds, et votre heure est venue.
Ces arbres, dont l'orgueil s'élancait dans la nue,
Frappés dans leur racine, et balançant dans l'air
Leurs superbes sommets ébraulés par le fer,
Tombent, et de leurs troncs jonchente au loins ces routes
Sur qui leurs bras pompeux s'arrondissaient en voûtes: etc.

Bald aber ging der Garten aus dieser scheinbaren Zerstörung verjüngt und schöner, wie die Phönix aus seiner Asche, und mit neuen, zuerst nie gekannten Reißen wieder hervor.

Die Klagen verstummten und freudige Überraschung trat an ihre Stelle. Freudig für den erhabenen Monarchen, der diese Werke angeordnet, freudig für den Künstler, der sie geschaffen hatte!

Doch sei dem Urteil des Besuchers nicht vorgegriffen; er trete ein in den Garten, sehe und urteile selbst!

Es dürfte jedem Fremden; der diese Anlage besucht und nicht bloß einen oberflächlichen Eindruck von derselben erhalten, sondern ihre Schönheiten, wenn auch nur den interessantesten Gegenständen nach, kennenlernen will, geraten sein, sich einen Begleiter in der Person eines der stets daselbst befindlichen, die Schloßwache bildenden Veteranen, mitzunehmen; teils um keinen Gegenstand von Interesse zu übersehen, teils auch, um dieselben in diesen weit ausgedehnten Anlagen auf den kürzesten und anmutigsten Wege zu erreichen, und alle Irrwege zu vermeiden. Nur dürfte die Wohl und Reihenfolge der zu besuchenden Gegenstände nicht dem Begleiter überlassen, sondern nach der einen oder anderen hier nachfolgend bezeichneten Touren vorzunehmen sein; damit dem Fremden nicht, wie es bei ähnlichen Fällen leider nur zu oft geschieht, ohne sein Verschulden, das minder Wichtige, weil es näherliegt, gezeigt, das Interessantere aber, weil es entfernter ist, verschwiegen bleibe.

Die große Tour

(Hierzu sind wenigstens 3 Stunden Zeit erforderlich, es können aber alle Gegenstände gesehen werden.)

1) Die Parterre mit der großen Fontäne.
2) Die Gewächshäuser und Orangerie.
3) Die St. Magdalenenkapelle.
4) Pagodenburg.
5) Die große Kaskade.
6) Die Statue des Pan.
7) Das Badhaus.
8) Der See und die Wasserfahrt.
9) Das Brunnenhaus mit den Wassermaschinen.
10) Die Biber.
11) Amalienburg.
12) Das Kabinett- und Kaiser-Gärtchen.

Die kleine Tour

(Hier sind ungefähr 1,5 Stunden Zeit nötig, und es werden nur die wesentlichsten Gegenstände gesehen.)

Von Nr. 1 bis 3, wie oben, dann zu den Gegenständen Nr. 6, 7, 9 und 11.

Zu dem königlichen Hofgarten führen drei Thore, wovon eines zur linken und eines zur rechten Hand des mittleren Schlossgebäudes unter den Galerien des Schlosses, das dritte aber linker Hand zunächst den Stallgebäuden sich befinden. Alle drei sind das ganze Jahr hindurch während der Tageszeit geöffnet, und es ist jedermann der Eintritt in den Garten gestattet. An den Eingängen befinden sich die gedruckten polizeilichen Verordnungen angeschlagen, welche in dem Garten zu beobachten sind, die aber, außer dem Verbote des Fahrens und Reitens, und des freien Mitführens der Hunde ohne Schnur, keine andere Beschränkung des Genusses enthalten, die nicht auch für jeden anderen Garten gelten könnte, und überhaupt nur dasjenige, was ohnehin von jedem Gebildeten beobachtet oder unterlassen wird.

Die Parterre

Indem man durch das eiserne Gitterthor zur rechten Hand des Schlosses in den Garten tritt, wendet man sich sogleich nach der Mitte des Hauptgebäudes, welches daselbst eine zweite, ursprünglich von Max Emanuel im Jahre 1714 neu erbaute Marmorstiege auf seiner Außenseite hat, wie es an der vorderen Fassade der Fall ist. Wenn der Besucher nicht schon vom großen Speisesaal aus die Ansicht des Gartens gehabt hat, so muss er diese Stiege besteigen, um dort den Total-Eindruck der ausgedehnten Parterre mit ihrer Fontäne und der fernen Kaskade zu genießen. Welch ein Anblick! Im Vorgrunde liegt in sanftem Grün das aus vier Hauptteilen bestehende, 1000 Schuh lange und 410 Schuh breite Parterre, dessen Längenseiten von zwei großen Kastanien-Alleen eingeschlossen, und mit 12 Schuh breiten Streifen der mannigfaltigsten blühenden, meistens exotischen Ziersträucher geschmückt sind.

12 Statuen und12 Urnen aus weißem Marmor stehen in vier Reihen zwischen den Hauptabteilungen desselben; an seinem unteren Ende breitet sich ein großes Bassin aus, wo ein 60 Fuß breiter Kanal ausmündet, und sich bis zur großen Marmor-Kaskade in einer Länge von 3200 Fuß (0,98 km) fortsetzt.

Eine Linden-Allee und ein Band mit blühenden Sträuchern begleitet den Kanal auf beiden Seiten. Am Ende dieses herrlichen Perspektive schimmert die prächtige Marmor-Kaskade; das von der Sonne beleuchtete Wasser gleitet gleich einer Flut von flüssigem Silber darüber hinab; die Mitte der fernen Aussicht bildet das leichte Türmchen des schon oben erwähnten Dörfchens Piping.

Aber alles überstrahlt die herrliche Fontäne, welche aus einem runden Wasserbecken in Mitte der Parterre sich majestätisch bis zu einer Höhe von 93 Fuß (28,35 m) erhebt und einen scheinbaren Durchmesser von 9 Zoll (22,86 cm) hat. Der in die Luft geschleuderte Wasserstrahl löst sich in Tropfen auf und fällt als Staubregen ins Becken zurück, wenn ihn nicht der Wind weit über das Boulingrin hin weht.

Ein wahrhaft großartiger Anblick, besonders wenn in diesem Staubregen sich die Strahlen der Sonne brechen und Iris darin ihre glänzenden Fittige entfaltet! Das Nähere von den beiden Fontänen bei der Betrachtung ihrer Druckwerke.

Rechts und links, aus beiden Seiten des Parterres, öffnen sich dem Auge Aussichten in die den Garten umgebende Landschaft. Das Gebäude rechts in der Ferne ist ein ehemals herrschaftliches Schlösschen und gegenwärtig eine Mayerey, Blutenburg genannt. Näheress hiervon weiter unten.

Wie schon gesagt, stehen zwischen den niederen Pflanzungen und an den Ecken der vier großen Rasenstücke des Parterres 12 Statuen und 12 Urnen, von weißem Throler-, d. h. Sterzinger-Marmor gefertigt, auf hohen Postamenten von Tegernseer Marmor. Die Statuen sind 8 Schuh hoch und stellen die mythologischen Gottheiten Saturn und Kybele, gefertigt von Johann Marchiori, Jupiter, Juno, Pluto und Proserpina, von Dominic Aulizeck, dann Diana, Apollo, Bachus, Merkur, Ceres und Benus von Roman Boos gearbeitet, vor. Die Urnen sind von Basreliefs umgürtet, welche allegorische und Szenen aus der Göttergeschichte darstellen.

Nachdem der Fremde seinen Blick sattsam an diesem schönen, zwar höchst einfachen, aber großartig und prachtvoll sich darstellenden Parterre geweidet hat, tritt er zur Rechten durch einen schmalen Gang mit eisernem Gittertore in das Innere eines großen, freien, länglich viereckigen Platzes. Hier befindet er sich in dem Bereiche der Flora, das heißt, in dem Blumengarten zunächst den Gewächshäusern. Aus diesem Platz sind während des Sommers die Orange-Bäume, 100 an der Zahl, aufgestellt, welche zur Winterszeit in einem der beiden Schlossflügel aufbewahrt werden. Wenn diese Bäume, die schon seit dem Jahre 1726 daselbst kultiviert werden, zur Sommerszeit in der Blüte stehen; so erfüllen sie den ganzen Platz mit dem köstlichsten Orange-Duft, in den sich noch die Gerüchte der vielen Blumen, womit die hier befindlichen Rabatten bepflanzt sind, mischen. Das versenkte Parterre enthält nämlich eine Sammlung der schönst blühenden perennierenden und einjährigen Pflanzen.

In der Mitte desselben ist ein Bassin angebracht, dessen Wasser ein Delfin auswirft, der mit einem Knaben spielt, und ihn, mit dem Schwanz aufschlagend, in die Höhe hebt. Diese niedliche, in Sandstein ausgeführte Arbeit ist von dem geschickten Bildhauer Lamin gefertigt, und im Jahre 1816 hier aufgestellt worden; die erste Idee hierzu erhielt der Künstler in den Stanzen des Rafael im Vatikan zu Rom.

Die Gewächshäuser

König Maximilian I., ein großer Gartenfreund überhaupt, und der schönen Pflanzenwelt besonders zugetan, ließ drei in einer Linie stehende Gewächshäuser nach den Plänen seines Hofgarten-Intendanten v. Sckell erbauen, und bestimmte dieselben für die Kultur schöner und seltener tropischer Pflanzen. Das ältere im Jahre 1807 vollendete Haus zeigt auf seinen beiden Flügeln zwei niedliche kleine Pavillons, von denen der erste als Eingang für den König und die höchsten Herrschaften bestimmt ist, und zugleich einige Gemächer zum Ausruhen enthält; der andere aber zu dem gewöhnlichen Eingange und der Wohnung des Obergärtners, dem die spezielle Aufsicht über sämtliche-Gewächshäuser anvertraut ist, dient.

Über den Eingangstüren dieser Pavillons befinden sich folgende Inschriften in vergoldeten Buchstaben, und zwar über der Ersten:

Florae australi sacrum
Der südlichen Flora geweiht

Über der Zweiten:

Vere fruor semper florae nitidissimus hortus
Genieße reißender Garten Florens beständigen Frühling!

Die erste Abteilung dieses Gewächshauses enthält vorzüglich die Pflanzen aus Japan, China, Neuholland und die Australiens überhaupt.

Die zweite Abteilung jene, welche dem Cap der guten Hoffnung, Vorderasien und dem südlichen Europa angehören.

In der dritten Abteilung befinden sich aber nur Pflanzen der heißen Zone, als: die Ostindiens, des südlichen Amerikas, und vieles aus dem Innere von Afrika usw.

Während des Sommers kommen die Pflanzen der ersten und zweiten Abteilung auf den oben beschriebenen freien Platz an die Spalierwände zu stehen.

Das zweite im Jahre 1816 vollendete Gewächshaus ist das kleinste, und teils zur Blumenzucht, teils zur Anzucht der jungen Pflanzen überhaupt bestimmt. Der halbrunde Platz vor diesem Gewächshaus wird durch ein kleines Arboretum eingenommen, welches Bäume und Sträucher, vorzüglich des nördlichen Amerikas und des südlichen Europas, enthält, insoweit der dasige Boden und das hiesige Klima ihre Kultur im Freien gestatten. Es finden sich gewöhnlich über 400 Arten und Abarten von Gehölzen hier vor.

In der Mitte des Halbzirkels, auf einem langen, im Halbkreise laufenden, marmornen Sockel, stehen vier Statuen: Paris, Venus, Juno und Minerva, aus grauem Sandsteine von dem Bildhauer Ohnmacht in Straßburg, und zwar aus demselben Stein, aus dem der berühmte Münster daselbst erbaut ist, gearbeitet. Die Statuen-Gruppe, das Urteil des Paris vorstellend, erhielt der Garten durch König Maximilian um das Jahr 1808. Zwischen den Figuren auf dem steinernen Sockel befinden sich im Sommer große Vasen, mit sogenannten Aloe bepflanzt; den Hintergrund bilden Zypressen. Das Ganze erhält dadurch den Charakter einer italienischen Gartenszene.

Die Mitte des Arboretums bildet wieder, wie es bei dem vorher beschriebenen Parterre der Fall ist, ein Bassin mit einem Delphin, auf dem ein Knabe reitet. Diese Arbeit, welche zugleich das Gegenstück zu der vorigen liefert, wurde von dem Bildhauer Haller, und zwar nach dem Modell des Peter Lamin, im Jahre 1818 gefertigt.

Das dritte Pflanzenhaus, auch das Palmenhaus genannt, wurde im Jahre 1820 vollendet, und die erste Abteilung für die großen warmen Pflanzen, vorzüglich Palmen, die zweite für die großen Pflanzen aus Neuholland bestimmt.

Das Gewächshaus wird durch heißes Wasser erwärmt, eine um das Jahr 1815 in England erfundene Heizmethode, die sich besonders durch gleichmäßige Verteilung des Wärmestoffes, Ersparung an Brennmaterial, größere Sicherheit in Bezug auf Feuersgefahr, und besonderen wohltätigen Einfluss auf das vegetabilische Leben, vor allen anderen bisher bekannten Heizmethoden vorteilhaft auszeichnet.[11)]

Kenner werden in diesen drei Gewächshäusern eine ansehnliche Auswahl schöner und seltener Pflanzen treffen, worunter einige sich befinden, die ein geschichtliches Interesse dadurch geweihten, dass dieselben aus Befehl Kaiser Joseph II. aus fernen Weltteilen, mit vielen anderen zuerst nach Wien gebracht, und durch Kaiser Franz I. im Jahre 1815 dem königlichen Pflanzenfreunde Maximilian zum Geschenke gemacht wurden.

Aber auch der Nichtkenner wird diese Pflanzenhäuser, in denen so manche Pflanze durch ihre Gestalt, durch die Schönheit ihrer Blume, oder durch den wundervollen, selbst oft ins Bizarre gehenden Bau ihres Stammes oder Blattschmucks, oder endlich durch ihre inneren Eigenschaften seine Aufmerksamkeit zu beschäftigen vermag, gewiss nicht unbefriedigt verlassen.

Als solche Pflanzen können unter mehreren die hier folgenden bezeichnet werden, als:

Adansonia digitata. Der Affenbrot-Baum vom Senegal. Der Stamm wird bei einer Höhe von 90 bis 100 Fuß (30,48

m) an 40 Fuß (12,19 m) im Durchmesser dick, und über 2000 Jahre alt, die Frucht gleichteiner Melone, hat ein säuerliches Fleisch, und wird gegessen.

Agave americana. Die bekannte, sogenannte hundertjährige Aloe, aus Amerika, aber auch im südlichen Europa häufig gezogen. Eine zierliche, malerische Pflanze, welche zu Zäunen, so wie die Fasern der Blätter zu Geflechten und der Saft zur Bereitung eines sehr angenehmen Getränkes, Pulk genannt, dient.

Amaryllis Josephinae, oder *A. gigantea.* Die Riesen-Amaryllis mit ungewöhnlich große Zwiebel, deren schöne, hochrote Blumen zu 20 bis 30 auf langem Schafte in einer Dolde stehen. Sie kommt vom Kap der Guten Hoffnung

Araucaria excelsa und *A. chilensis.* Ersterer ein wunderschöner, unseren Tannen ähnlicher, immergrüner Nadelbaum aus der Insel Norfolk, der sehr hoch wird. Letzterer ist in Chile zu Hause, weswegen man ihn auch die Chilesche Fichte nennt. Sie macht Zapfen ähnliche Samen, so groß wie ein Menschenkopf, in denen sich 20 bis 30 essbare Nüsse befinden, die den Einwohnern als ein sehr nützliches Nahrungsmittel dienen.

Arbutus Unedo. Der Erdbeerbaum, aus dem südlichen Europa, trägt Früchte, welche dem Ansehen nach den Erdbeeren ganz gleich sind; der Geschmack aber ist nicht so gut, wie bei letzteren, sondern widerlich süß. Die Früchte werden von armen Leuten gegessen.

Areca alba. Eine Palme aus der Insel Bourbon, wo sie Palmiste blanc heißt; das Herz der Knospe wird als Palmkohl verspeist.

Arenga saccharifera. Eine sehr schöne Palme aus Ost-Indien, aus deren Saft Zucker und Rum bereitet wird.

Astrapaea Wallichii. Ein prächtiger Baum mit großen, runden Blättern, aus Madagaskar, dessen rote Blütenköpfe an langen Stielen quastenartig herabhängen.

Bambusa arundinacea. Das Bambusrohr aus Ost-Indien und China. Die Bambusarten, baumartige Gräser, sind in den Tropenländern Asiens, Afrikas und Amerikas zu Hause; die bis 6 Zoll (15,24 cm) dicken Stämme dienen als sehr leichtes und doch dauerhaftes Baumaterial. Auch die unter dem Namen "Pfefferrohre" bekannten Spazierstöcke kommen von Bambusarten.

Bauhinia racemosa. Die traubenblütige Bauhinie, aus Ost-Indien, eine kletternde Pflanze mit tief, verkehrt herzförmig eingeschnittenen Blättern, als wenn jedes derselben aus zweien bestände; deswegen auch Linné diese Pflanze den beiden Brüdern Bauhin zu Ehren benannt hat.

Bixa Orellana. Der Orleanbaum, aus dem südlichen Amerika, dessen Samenkörner im Überzuge der Samenschale die schöne, orange-gelbe Farbe, Roucon aber Ornotto genannt, liefern.

Calamus verus. Eine kletternde Palme aus Ost-Indien, welche das sogenannte Bambus-, und zum Teil auch das spanische Rohr liefert.

Camphora officinarum. Der Kampferbaum aus China und Japan, welcher den in der Medizin und zu anderen Zwecken so häufig angewendeten Kampfer gibt.

Carolinia Princeps. Ein außerordentlich schöner Baum aus West-Indien, wo er zu Alleen gebraucht wird. Die glänzenden Blätter haben Ähnlichkeit mit denen unserer Rosskastanie. Den Namen trägt er zu Ehren der Königin Caroline, Gemahlin Georg III., Königs von England.

Cassia lanceolata, Senna und andere. Die Cassia aus Surinam; die Blätter mehrerer verwandter Arten aus dem Oriente werden in der Medizin unter dem Namen "Sennesblätter" als Abführmittel gebraucht.

Caryota urens. Die Brennpalme, aus den Molukischen Inseln, deren Früchte beim Kauen ein heftiges Brennen verursachen.

Ceratonia siliqua. Der Johannisbrotbaum, aus dem südlichen Europa, dessen Früchte unter dem Namen "Johannisbrot" in Handel kommen und gegessen werden.

Cinamomum aromaticum. Der gewöhnliche Zimt, aus Ost-Indien, ein bekanntes, herrliches Gewürz.

Chamaerops humilis. Eine Palme, welche in den südeuropaischen Ländern, als: Italien, Sizilien, Spanien, Griechenland, wild wächst, aber nie über einen Schuh hoch wird. Durch Kultur aber kann dieselbe stämmig gezogen werden, und dient sodann durch ihre fächerförmige Blätterkrone den dortigen Garten als schöne Zierde.

Coccoloba macrophylla. Das Holz dieser westindischen Pflanze mit sehr großen Blättern ist leicht und wird besonders zu Flössen verwendet.

Coffea arabica. Der Kaffeebaum aus Arabien; wer sollte an diesem Baum, dessen Früchte jedem bekannt sind, nicht Interesse nehmen?

Comocladia ilicifolia. Ein seltener Baum aus den Karibischen Inseln. Der Saft ist harzreich und kann als Balsam verwendet werden.

Cordyline Escholziana. Eine Art Drachenbaum aus den Südsee-Inseln, heißt dort Ti, und wird von den Einwohnern vielfach benützt.

Corypha umbraculifera. Eine der schönsten Palmen Ost-Indiens, mit großen, 10 bis 12 Fuß (3,66 Meter) im Durchmesser haltenden, runden Blätter, welche den Einwohnern als Regen- und Sonnenschirme, ja selbst als Zelten und Dachbedeckungen dienen. Der Stamm ist hoch und gerade; nach der Blüte stirbt die Pflanze ab.

Cupressus sempervirens. Die gemeine Zypresse aus dem südlichen Europa und Asien, das Sinnbild der Trauer daselbst.

Cycas circinalis und *C. revoluta.* Zwei palmenartige Pflanzen aus Ost-Indien und China, aus deren Mark man das bekannte Sago-Mehl bereitet.

Didimocarpus Litchi. Ein Baum aus China, dessen Früchte gleich unseren Trauben in Büscheln beisammen stehen und eine rote Farbe haben. In der runzligen Schale ist ein runder, fleischiger Kern von Geschmack der Pflaume enthalten. Man serviert die Frucht besonders abends auf dem Teetisch; ihr Geschmack ist süß und etwas säuerlich; sie kommen getrocknet durch den Handel nach England.

Diplothemium maritimum. Strandpalme aus Brasilien, deren Früchte sehr wohlschmeckend sind. Aus den Fasern der Blätter werden treffliche Angelschnüre gemacht.

Doryanthes excelsa. Eine strauchartige Lilie, deren Blumenstiel, mit schönen, hochroten Blumen, 15 Fuß (4,57 Meter) hoch wird, aus Neu-Süd-Wallis.

Dracaena Draco. Der Drachenblutbaum aus Ost-Indien, der das sogenannte Drachenblut liefert, das zu Firnissen und als Medikament gebraucht wird; ein malerischer, palmenähnlicher Baum.

Dracaena umbraculifera. Dem Ersteren ähnlich, aus der Insel St. Mauritius. Noch sehr selten!

Elaeis guinensis. Die Ölpalme aus Guinea; die Einwohner preisen aus ihren Früchten, welche die Große einer Pflaume haben, ein Öl auf dieselbe Art, wie dieses mit den Oliven geschieht. Dieses ist das gemeine Palmöl. Die Blätter werden zu Matten verwebt, und aus dem Saft macht man ein berauschendes Getränk.

Eutekpe caribaea. Jetzt besser Oreodoxa oleracea zu nennen, unter welchem Namen sie Martius beschreibt. Die westindische Kohlpalme. Ein sehr majestätisches Gewächs, manchmal 130 Fuß (39,62 m) hoch; heißt in den englischen Kolonien Barbadoes-Cabage Tree.

Ficus mollis aus Brasilien. Ficus nymphaefolia und Ficus elastica, beide aus Ost-Indien. Drei Feigenbäume, welche sich durch einen wunderschönen Blattschmuck auszeichnem und wie alle Feigenbäume, viel Milch enthalten; aus der, besonders der letzterer Art, eine Art von Kautschuck bereitet wird.

Fourcroya longaeva. Eine mit der Agave americana verwandte Pflanze, aus den Staaten von Oaxaca am Abhang des Tanga-Gebirges in Mexico. Lebend hierher gebracht von dem königl. Kämmerer Freiherrn von Karvinzky, im Jahre 1830. tSie erreicht eine Höhe von 40 (12,19 m) bis 50 Fuß (15,24 m) und ein Alter von 2 bis 300 Jahren, wo sodann nach einmaligem Blühen der ganze Stamm abstirbt.

Garcinia Mangostana. Ein Baum aus Java und den moluckischen Inseln, dessen Frucht der Ananas gleich im Rang steht. Dieselbe ist rund und so groß, als eine mittlere Orange, die äußere Schale ist wie bei dem Grauenapfel; das Innere ist rosenrot und in Fächer abgeteilt, wie die Orange, in welcher die Samen ruhen, eingehüllt in ein weiches, sehr saftiges Fleisch von herrlichem Geschmack, dem der Erdbeere und Traube ähnelnd. Die Blume gleicht einer Rose. Die Blätter sind glänzend grün, und überhaupt der ganze Baum von einem malerischen Ansehen.

Haematoxylum campechianum. Das Kampeschenholz aus Mexiko, das zum rot, schwarz und violet färben dient.

Hernandia sonora. Ein wunderschöner Baum mit großen runden Blättern aus Ost-Indien, dessen reife Früchte, wenn der Wind sie schüttelt, einen Ton von sich geben und dessen Wurzel als ein gutes Mittel bei Vergiftungen von den Indianern angewendet wird. Der Saft dieses Baumes beißt die Haare aus der Haut hinweg.

Hura crepitans. Ein Baum aus Südamerika; dessen Samenkapseln, wenn sie reif werden, in 12 Stücke, und mit einem solchen Knall, wie der eines Pistolenschusses, auseinander springen; so dass Reisende, welche ruhig diese Wälder durchwandern, öfters dadurch erschreckt werden. Mit seiner Milch vergiftet man die Flüsse, deren Fische dann leicht gefangen werden.

Latania borbonica, besser *Livistona chinensis*. Eine herrliche Schirmpalme aus der Insel Bourbon, mit sehr großen, handförmig geschlitzten Blättern. Dieses Exemplar, ein Geschenk Kaiser Franz I. an König Max Joseph I., ließ Kaiser Joseph II. mit vielen anderen Pflanzen um das Jahr 1780 nach Wien bringen.

Latania rubra. Eine ähnliche Palme, nur etwas kleiner; mit rotem Blattstiele und Blattrand, von der Insel St. Mauritius.

Larix Cedrus. Die Zeder von Libanon aus Asien, aus deren Holz der Tempel Salomons erbaut war.

Magnolia grandiflora. Die groß blühende Magnolie. Einer der schönsten Bäume Nordamerikas, mit immergrünen Blättern und weißen, tellergroßen Blüten, die einen sehr angenehmen Geruch verbreiten.

Mangifera indica. Der Mango-Fruchtbaum aus Ost-Indien, berühmt wegen seiner herrlichen, unsern Äpfeln ähnlichen Früchte; er gibt nach der Ananas die beste Frucht Indiens. Ihr Genuß ist als sehr gesund anerkannt.

Mimosa pudica. Die schamhafte Sinnpflanze aus Brasilien; teilt mit mehreren anderen Arten dieser Gattung die Eigenschaft, dass sich bei der leisesten Berührung die gefiederten Blätter auf kurze Zeit zusammenschließen, und zugleich der Blattstiel sich straff herabbeugt.

Musa paradisiaca. Die bekannte Pisang oder die Bananenpflanze aus Indien, welche sich nicht allein durch ihre malerische Schönheit; sondern auch durch die köstlichen Früchte, welche oftmals die Hauptnahrung der dortigen Einwohner ausmachen, auszeichnet.

Myria cerifera. Der Wachsstrauch aus Nordamerika. Aus einem auf den Beeren ausgeschwitzten und daselbst verdichteten Saft, wird eine Art Wachs bereitet, das dem Bienenwachs sehr ähnlich ist; man macht Lichter daraus, die sehr hell und langsam brennen.

Myrtus Acris oder *Pimenta.* Der Pimentpfeffer (Mode-Gewürz) aus Westindien.

Olea europaea. Der Ölbaum aus dem südlichen Europa.

Opuntia Ficus indica. Die indianische Feige aus Westindien, auch im südlichen Europa kultiviert, und daselbst häufig gegessen. Die Frucht ist purpurrot, von etwas säuerlichem Geschmack, und hat die Eigenschaft, beim Genuss den Urin, jedoch ohne Nachtheil der Gesundheit, blutrot zu färben.

Opuntia coccinilifera. Der Cochenille-Kaktus aus Mexiko und Westindien, worauf das Insekt sich nährt, das die schöne Karmin-Farbe liefert.

Pandanus odoratissimus und *P. viridis.* Die verschiedenen Pandanus-Arten bewohnen die Küsten des südlichen Asiens, Afrikas und des australischen Archipel, immer dem Seegestade folgend und eben so ausgezeichnet durch den Wohlgeruch der zahllosen Blüten, als gefürchtet wegen der fast undurchdringlichen stachligen Gebüsche, welche sie bilden. Ihre Früchte sind zum Teil genießbar.

Papyrus antiquorum. Die Papierpflanze der Alten, aus der sie ihr Papier verfertigten. Ihr Vaterland ist das südliche Europa, Ägypten und Äthiopien, sie wächst an sumpfigen Stellen, vorzüglich am Nil.

Phormium tenax. Der neuseeländische Flachs, aus dessen Fasern man sehr dauerhafte Gewebe, besonders aber Schiffstaue verfertigt. In der neueren Zeit hat man ihren Anbau im südlichen Frankreich nicht ohne Glück versucht.

Phoenix dactilifera. Die Dattelpalme, welche im Orient, vorzüglich in Ägypten, Arabien und Palästina, wächst, auch als Zierpflanze in Italien und Sizilien in den Garten gezogen wird. Welche Wichtigkeit die Dattelfrucht für die Einwohner obiger Länder hat, ist jedem bekannt. Durch den Handel kommen die Datteln in getrocknetem Zustand auch zu uns.

Pinus lanceolata, oder *Cuninghamia lanceolata.* Eine merkwürdige Art Fichte, mit breiten, lanzettförmigen Blättern. Ihr Vaterland ist China.

Piper nigrum. Der schwarze Pfeffer, allgemein bekannt.

Protea argentea. Der Silberbaum vom Kap der Guten Hoffnung, wo sich kleine Wäldchen davon befinden, die, wenn der Wind die Zweige beugt und die Sonne darauf scheint, einem Meer von flutendem Silber gleichen.

Punica granatum. Der Granatbaum aus dem nördlichen Afrika, dessen Früchte durch ihren säuerlichen Geschmack in den heißen Ländern eine angenehme Labung gewahren. Die Granatäpfel kommen durch den Handel auch zu uns.

Quercus glauca. Die graue Eiche aus China, die einzige Eichenart, welche innerhalb der Wendekreise wachsen soll.

Saccharum officinarum. Das Zuckerrohr aus Ost-Indien, das unseren so vielfältig gebrauchten Zucker liefert.

Spodias Myrobalanus. Dieser Baum wird wegen seiner guten Frucht, welche einer gelben Pflaume gleicht, und den Geschmack des Reinetten-Apfels hat, in beiden Indien kultiviert.

Sterculia Balanghas. Ein schöner Baum aus Ost-Indien, dessen Früchte medizinische Kräfte besitzen.

Strelitzia augusta. Eine herrliche, höchst malerische Pflanze vom Kap der Guten Hoffnung, welche etwas Ähnlichkeit mit dem Pisang hat. Sie erhielt den Namen

"Strelitzia" zu Ehren der Königin Caroline von England, Prinzessin von Mecklenburg-Strelitz.

Swietenia Mahagoni. Das bekannte Mahagoniholz aus West-Indien, eine der schönsten und dauerhaftesten Holzarten zu Möbeln.

Testudinaria Elephantipes. Der Elefantenfuß, eine, der äußeren Form nach, merkwürdigsten Pflanzen der Südspitze von Afrika. Sie bildet einen großen Knollen oder Strunk, der mit einer in Quadrate geteilten, tief eingeschnittenen Rinde bedeckt ist; die ihm das Ansehen einer Schildkrötenschale gibt, wovon auch ihr Gattungsname genommen ist, und da sich an dem unteren Rand Wülste, wie bei dem Fuß eines Elefanten bilden, so erhält sie von diesem Umstand den nebenbezeichneten Beinamen. Das Innere des Knollens besteht aus saftigen Fleisch, wie das einer Rübe. Die Hottentotten essen dasselbe gebraten. Alle Jahre im Herbst, zurzeit also, wenn der Frühling in dem Vaterland dieser Pflanze beginnt, macht sie neue, windende Triebe, fast wie die einer Schminkbohne, welche im Frühjahr aber wieder gänzlich absterben. Die Blüte ist klein, fast wie die des Weinstockes.

Testudinaria sylvatica. Eine anders gestaltete, aber nicht weniger merkwürdige Art, ebenfalls aus Afrika.

Thea viridis und *T. Bohea.* Die grüne und braune Teestaude aus China und Japan, deren gerollte und etwas geröstete Blätter, den im Handel vorkommenden chinesischen Tee liefern.

Theophrasta longifolia. Wunderschöner Baum aus Caracas, mit langen, dunkelgrünen Blättern und traubenförmig beisammen stehenden orangefarbenen Blumen. Das hier befindliche Exemplar, ein Geschenk Kaiser Franz I. an König Maximilian I., hat Kaiser Joseph II. um das Jahr 1780 aus dem Vaterland selbst nach Wien bringen lassen.

Valisneria spiralis. Eine durch ihre merkwürdige Art der Begattung interessante Wasserpflanze, die in den Süßwasser-Sümpfen des südlichen Europas wächst.

Vanilla Aromatica. Eine merkwürdige, kletternde Pflanze aus dem wärmeren Amerika, welche lange Schatten trägt, deren mit einer großen Menge sehr kleiner Samen erfülltes Markfleisch, das unter dem Namen Vanille bekannte Gewürz liefert.

Zamia horrida und *Z. pungens.* Zwei merkwürdige, palmenartige Gewächse aus dem Süden Afrikas.

Zingiber officinale. Der Ingwer, ein Gewürz aus Ost-Indien.

Vor dem großen Gewachshaus befindet sich wieder ein niedliches Blumenparterre, wo selbst vorzüglich die holländischen Blumenzwiebel, als: Tulpen, Hyazinthen, Ranunkeln, Kaiserkronen, usw., auch Nelken, Rosen und andere schöne Blumengewächse abwechselnd ihren herrlichen Blütenschmuck entfalten. In dem hier befindlichen dritten Bassin bildet das Wasser eine niedliche Glocke, gleich einer Glasglocke, die über ein lebendiges Blumenbouquet gestürzt ist.

Die Gärtner pflegen nämlich während der Sommermonate ein solches von lebendigen Blumen unter der Glocke anzubringen; dieselben erhalten sich unter diesem Wassersturz lange Zeit frisch und bedürfen nur von 8 zu 8 Tagen der Erneuerung. Hier befindet sich auch an einer von immergrünen Lebensbäumen umpflanzten schattigen Stelle ein kleiner Hügel; aus Felsenstücken von Taufstein ausgeführt, zur Kultur der schönen Alpenflora bestimmt, deswegen auch der Alpenberg genannt. Liebhaber dieser wahrhaft himmlischen Flora werden hier manches Blümchen gewahr werden, das ihnen sonst nur in der Nähe der Wolkenregion am Säume des ewigen Schnees zu begegnen pflegt.

Der Lustwandler tritt nun durch ein ähnliches eisernes Gitter, wie beim Eingang, aus dem Bereiche der Pflanzenhäuser, und kommt wieder in den größeren Garten am unteren Ende der Parterre zurück. Ein Blick zur Linken lässt ihn das Bild des Schlosses mit der großen Fontäne im Vordergrund, auch von der Gartenseite genießen und indem er seinen Weg zur Rechten fortsetzt, und die Brücke daselbst überschreitet, wird er von der großen Klarheit dieses Wassers und dessen Reichhaltigkeit an Fischen angenehm überrascht.

Wenige Gärten können sich eines so schönen Wassers rühmen, wie der zu Nymphenburg; im Gegenteil werden oft die schönsten Wasserpartien der in Ebenen liegenden Garten durch ein stehendes, daher schmutziges Wasser, ihrer natürlichen Anmut verlustig.

Ganz anders ist es im Garten zu Nymphenburg, dessen Wasser nicht allein klar, wie das einer Quelle, sondern auch mit Millionen kleiner und großer Fische bevölkert ist, deren muntere Spiele den Lustwandler angenehm unterhalten. Von dem Ursprung und Lauf desselben weiter unten.

Der Richtung des Kanals zur rechten Hand folgend, tritt man sogleich in den Schatten eines anmutigen Haines. Ein Wegweiser daselbst sagt, dass man hier zur St. Magdalena Kapelle kommt, die schon von fern, durch mystische Dunkel alter Eichen, dem Lustwandler entgegenwinkt.

Die St. Magdalena Kapelle, oder die Eremitage

Diese Kapelle in einem gemischten, teils gotischen, teils rockaillen Baugeschmack konstruirt, steht in der Mitte eines von alten ehrwürdigen Eichen gebildeten Haines, in religiösem Ernst da.

Stille und heilige Ruhe charakterisiert diese von ihrem Stifter der frommen Andacht geweihte Kapelle.

Über dem Eingang befindet sich eine lateinische Inschrift in Marmor, deren Inhalt, zu deutsch, folgendes sagt:

Zur größeren Ehre Gottes

"Unter den vielen Denkmälern angestammter Frömmigkeit, welche der Durchl. Kurfürst Maximilian Emanuel hinterlassen, ist diese Kapelle, zu welcher er den Grund gelegt hat, das letzte, und das Erste seines durchlauchtigsten Sohnes Kurfürsten Carl Albert, der dieselbe bei dem Anfange seiner Regierung vollendete und ausschmückte. Der Durchl. und Hochwürdigste Erzbischof und Kurfürst von Köln, Clemens August verrichtete dabei seine erste bischöfliche Handlung; indem er dieselbe mit besonderer Erlaubnis des Durchl. und hochwürdigsten Fürsten Johann Theodor, Bischof von Freising und dessen geistlichen Administratoren am weißen Sonntag den 4. April 1728 mit den gewöhnlichen Feierlichkeiten Gott dem Höchsten und Besten weihte, und dem Gedächtnisse der heil. Maria Magdalena widmete.

Gegenwärtig waren der Durchl. Chursürst Carl Albert, dir durchlauchtigste Kurfürstin Maria Amalia, der durchlauchtigste Prinz Ferdinand Maria und dessen durchlauchtigste Gemahlin Maria Anna Carolina und der hochwürdigste Fürst Johann Theodor, Bischof von Freising und Regensburg. In dem Altar wurden niederlegt: Reliquien von dem heil. Macarius Mart., dem heil. Marianus Mart., dem heil. Maurus Mart., der heil. Anonia Märt., dem heil. Valentinus Bischof und von dem heil. Beichtiger Maurentius. Das jährliche Kirchweihfest wird auf Befehl des durchl. und hochwürdigsten Erzbischoff und Kurfürsten von Köln gefeiert, am 2. Sonntag nach Ostern."

Es ist also hieraus zu entnehmen, dass ursprünglich Kurfürst Maximilian Emanuel, jener durch seine glücklichen Kriegstaten gegen die Türken bekannte bayerische Herrscher, diese Kapelle der heiligen Magdalena, wie einige wollen, zur Bezeugung frommer Buße bestimmt hatte; und dass ihre Vollendung und Einweihung durch seinen Sohn Carl Albert im Jahr 1728 geschah, da Maximilian Emanuel durch den Tod, der schon im Jahre 1726 erfolgt war, hieran gehindert wurde, und nicht, wie man sagt, seinem Willen gemäß hier in stiller Abgeschiedenheit unter Gebet und Bußwerken der Welt absterben konnte.

Das Gebäude von dem Oberarchitekten Franz Cuvillier, dem Vater, ausgeführt, besteht aus zwei Teilen, nämlich der Kapelle selbst und der daran stoßenden zur Wohnung bestimmt gewesenen Gemächer, Küche und Keller, welche letztere Einrichtung entweder zur obigen Vermutung bezüglich des Vorhabens Emanuels Veranlassung dargeboten, oder doch dieser mehr Wahrscheinlichkeit gegeben haben mag.

Wenn man durch ein eisernes Gitterthor in die Kapelle tritt, so umfasst den Besuchenden ein grottenartige, von Felsenstücken aus Tropfsteinen, Muscheln, Korallen und künstlich nachgebildeten Seegewächsen usw. konstruierte Vorhalle; diese Arbeit ist von dem Grottierer Bernhard Joch. Der Vorhalle gegenüber befindet sich die lebensgroße Statue der heil. Magdalena als Büßerin, vor einem Kreuz dargestellt, und von Volpini im Jahre 1726 verfertigt. Neben dieser Statue träufelt eine rieselnde Quelle, in das vorstehende ebenfalls aus natürlichen Felsenstücken gebildete Wasserbecken. Diesem Wasser schreibt der fromme Glaube heilende Wunderkräfte für kranke Augen zu, und häufig sieht man Personen, am Fest der heiligen Patronin sich die Augen in dieser Quelle baden. Links ist der Altar, aus Schnitzwerk von Nussbaumholz gefertigt. Das daselbst befindliche elfenbeinernes sehr schön gearbeitete Kruzifix, ist 18 Zoll (45,72 cm) hoch, und an einem, aus dem Horn des Narval gefertigten Kreuz befestigt; so wie auch die zwei Altarleuchter aus demselben Material gearbeitet sind.

Zwei ovale, aus Berberitzenholz in erhabener Arbeit geschnittene Tafeln, die der Bildhauer Hillebrand zu Türkheim im Jahr 1760 verfertigte, zieren den Altar. Die erste stellt die Beschneidung Christi, die zweite Jesus, Maria und Joseph mit dem kleinen Johannes dar. Vor dem Altar hängt das ewige Licht in einer großen Seemuschel sehr sinnreich angebracht.

Der gewölbte Plafond über dem Altar ist in Fresko gemalt, und stellt die Aufnahme der heil. Magdalena in dem Himmel dar. Der Plafond der Kapelle selbst, in dessen Mitte sich ein kleines Türmchen erhebt, ist ebenfalls in Fresko gemalt und zeigt die vier Hauptbegebenheiten aus der Geschichte Magdalenas, nämlich: Magdalena als Büßerin in der Wüste, dieselbe, wie sie Christo die Füße salbt, dann die Erscheinung Christi im Garten, und endlich die Erscheinung des Engels am Grabe Christi. Die Malereien sind von dem kurfürstl. Hofmaler Gottfried Stuber 1726 gefertigt.

Das Oratorium enthält ein schönes Ölgemälde, die heilige Magdalena in Lebensgröße darstellend, angeblich von Correggio, was jedoch bezweifelt werden muss.

Vier kleine Tableaus in Wachs, die vier letzten Dinge des Menschen, als: den Tod, die Auferstehung, den Himmel und die Hölle versinnbildlichend, sind von wunderschöner, halb erhabener Arbeit, und wie man sagt, von einem Frauenzimmer verfertigt. Zwei Schränke gehören für die Aufnahme religiöser, dem beschaulichen Leben angeeigneter Schriften. Die Bücher selbst aber sind gegenwärtig im Schloß aufbewahrt.

Die Wände zieren wertvolle Kupferstiche von Sadeler, Szenen aus dem Leben heiliger Einsiedler und die Versuchungen des heil. Antonius darstellend.

Der große Saal enthält ein schönes Gemälde, des heiligen Carolus Boromaeus, gemalt im J. 1759 von Des Marées. Zwei Schränke enthalten eine seltene Sammlung Majolika, eine Art Fayence aus Faenza, einer Stadt in der Romagna, erfunden um das Jahr 1299, und aus Platten, Tellern und Krügen bestehend. Diese Arbeiten können als der erste Versuch, das chinesische Porzellan nachzuahmen, betrachtet werden. Obschon das Majolika-Geschirr nichts weniger als Porzellan; sondern nur eine Art feines, mit ebenso feiner Glasur überzogenes Töpfergeschirr ist; so wurde dieses nichtsdestoweniger in der Vorzeit sehr hoch geschätzt, besonders da, wie man sagt, die ersten Maler, als Rafael, Jul. Romano, Tizian u. a. die gemalten Verzierungen daran gefertigt haben sollen. So schöne Exemplaren, wie die hiesigen, sind sehr selten geworden, und es sind daher diese von Kennern allgemein geschätzt und bewundert.

In der Mitte des Saales hängt ein Kronleuchter von Holz, eine schöne Dreharbeit, der Sage nach von Maximilian Emanuel, wahrscheinlicher aber von Max Joseph III. verfertigt.

Bei Weitem das merkwürdigste Stück, was diese Gemächer enthalten, ist aber ein an der nördlichen Wand des großen Saales in einer weiten Nische hängendes 5 Fuß (1,52 Meter) hohes und 12 Zoll (30,48 cm) breites, gut vergoldetes und mit Schnitzwerk verziertes hölzernes Kreuz, worauf Christus nach Art des orientalischen Kirchengebrauches gemalt ist. Das Ganze verrät den ältesten byzantinischen Kirchenstil und ist wahrscheinlich einer griechischen Kirche des Orients entnommen. Max Emanuel brachte diese schöne Arbeit aus seinen Feldzügen in der Türken mit hierher, und hatte sie wahrscheinlich für diese Kapelle schon früher bestimmt.

Rechts und links in der Nische sind Schränke, welche sehr schöne Glasarbeiten, die auf der Insel Murano bei Venedig verfertigt, und zu einem Tafelservice bestimmt sind, enthalten.

Die Wände in diesem Saale, so wie die in den übrigen Gemächern erscheinen mit Tafelwerk von Eichenholz ausgelegt, und mit schönen, mitunter sehr wertvollen Kupferstichen behangen, als:

Gott der Vater,

Gott der Sohn,

Die heilige Maria,

Die zwölf Apostel,

Die zwei Evangelisten Johannes und Markus,

Die Portraite von Marcus Pitteri,

Die Portraite von Joh. Bapt. Piazetta,

Die Portraite von Joh. Bapt. Albrizzi und das eines Unbekanntem

Alle von Pitteri nach den Orginalien des Joh. Bapt. Piazetta gestochen.

Dann die 7 heiligen Sakramente von Pitteri nach Longhi.

Zwei Landschaften aus dem apeninischen Gebirge von Duvrier nach Vernet.

Die Gegenstände der übrigens Kupferstiche sind ebenfalls aus den heiligen Schriften entnommen. Alles deutet hier tiefen Ernst, und weist auf ein beschauliches Leben hin.

Von diesem Orte stiller Frömmigkeit und aus dem mystischen Helldunket der ihn umgebenden Pflanzungen herausgetreten, führt den Besucher ein kleiner Weg zur rechten Hand nach dem niedlichen

Pagodenburg

Hier öffnet sich vor ihm die Landschaft, und ein kleiner Landsee breitet seinen hellen Wasserspiegel vor seinen Augen aus.

Sanfte Hügel erheben sich am jenseitigen Ufer, von einem Saum farbiger Pflanzungen bekränzt. Eine kleine Felsengruppe, aus der plätschernd die Flut in das freundliche Wasserbecken sich ergießt, erfüllt mit Gemurmel das Ohr. Man überschreitet die kleine Brücke zur Rechten, und sieht das niedliche Gartengebäude im Schatten herrlicher Linden stehen.

Die Pagodenburg ist ein kleiner im römischen Baustil, und zwar in Form eines Malteserkreuzes, unter der Regierung Max Emanuels im Jahre 1716 erbauter Gartenpavillon.

Sein Name mag wohl von den indischen Verzierungen kommen, womit das Innere gleich des, einer indischen Pagode geschmückt ist; ein Geschmack, der zur damaligen Zeit sehr in der Mode war.

Das Gebäude enthält zur ebenen Erde einen Salon. Der Boden ist mit rot und weißem Marmor belegt; der Plafond ist weiß mit blauen Verzierungen auf indische Art ausgemalt, die Wände sind mit weißen niederländischen Fayence-Plättchen, die blau bemalt sind, ausgetäfelt; so wie auch die Wände des Stiegenhauses, welches in das obere Geschoss führt, wo selbst sich drei niedliche Kabinettchen befinden, deren Wände ebenfalls auf indische Art, und zwar teils aus Goldgrund, teils aus schwarz lackierten Grund bemalt sind.

Die Möbel als Stühle und Sophas bestehen aus Silbermoire mit Blumen aus Samtchenillen durchwirckt. Die ganze innere Einrichtung ist im orientalischen Stil gehalten, in einem der vier Ecksaletchen hängen zwei Landschaften in Öl von Rysbräck und Janson gemalt. Die indianischen Malereien sind von dem kurfürstl. Kammermaler Gumpp im Jahre 1717 verfertigt.

Max Emanuel, der ein großer Freund des sogenannten Maille-Spieles war, hatte neben diesem Pavillon eine große Maille-Bahn angelegt und benützte daher, wenn er vom

Spiele ermüdet war, die Gemächer desselben als Ruheort. Auch pflegte er öfter da zu speisen; allein da der Saal sehr klein ist, und beinah ganz von der herrschaftlichen Tafel eingenommen wurde, so geschah die Bedienung von außen durch die Fenster.

Die Küche und die Wohnung des Schlossdieners befinden sich in einem durch Pflanzungen verdeckten Seitengebäude.

Dieser anmutige kleine Pavillon im Schatten hoher Linden und am Ufer eines heiteren kleinen Sees gelegen, wird dieser natürlichen Reihe wegen von den Mitgliedern der königl. Familie gegenwärtig sehr häufig besucht; welche sich hier entweder an der Anmut eines heiteren Sommermorgens beim Frühstück ergötzt, oder die stille Ruhe eines warmen Sommerabendes, beim Abendbrot daselbst genießt. Königin Therese wählte vor allen Gegenden dieses schönen Gartens, mit besonderer Vorliebe, diesen Ort zu ihrem angenehmsten Ruhepunkt.

Dem Faden der oben bezeichneten Wanderung folgend, passiert man ein kleines Brückchen zur Rechten des Pavillons und geht dann auf dem schmalen Pfade zur Linken, unter abwechselnden Schatten und stehen Aussichten fort, bis derselbe in den breiten Weg, den sogenannten Reitweg einmündet; wo zur Linken eine weit über die Grenze des Gartens sich ausbreitende Aussicht den Lustwandler überrascht. Diesen Ort nennt man, am Haha, weil hier die aus einer Mauer bestehende Einfriedigung des Hofgartens, nach englischer Methode, in den Boden versenkt ist, und daher in einer kleinen Distanz gar nicht bemerkt werden kann. Der Garten scheint deswegen ohne Begrenzung zu sein, während ihn doch die Mauer ebenso gut umschließe, und dem Eindringen des Wildes und der Menschen von Außen ebenso hinderlich ist, als wenn sie frey über dem Boden stünde. Von der Überraschung des

Besuchers, dem diese Art der Einfriedigung noch fremd ist, und dessen gewöhnliche Ausrufung bei seiner Annäherung und Enttäuschung — Aha! mögen diese Art der Einfriedigung überhaupt den Namen Ahas oder Hahas erhalten haben.

Ein von jungen Lärchenbäumen bekränzter Hügel, den der Besucher besteigt, und hier von der ersten Hälfte seiner Gartenwanderung auf der daselbst befindlichen Ruhebank einige Erholung genießt, gönnt ihm die Aussicht in die ganze Umgegend. Er sieht zur Linken anfangend die Dörfchen Pasing, Piping, Ober- und Untermenzing mit dem Schlösschen Bluttenburg[12)] lauter Orte, sämtlich am freundlichen Würmflüsschen gelegen, und in der Ferne die hügelichen Ufer der Amper, bis gegen Dachau. Schade nur, dass alle diese Gegenstände sich etwas zu weit von dem Standpunkte des Beschauers befinden, und eine große monotone Ebene dazwischenliegt. Diese Aussicht ist freundlich und heiter, besonders schön bei untergehender Sonne.

Nach genoßener Ruhe erhebt sich der Lustwandler, und folgt dem ebengenannten Reitweg, der ihn nun der Mitte des Gartens entgegenführt, wo selbst sein Auge überrascht wird, durch die große herrliche

Marmorkaskade

Diese ist im architektonischen Style angelegt, und befinget sich in der Mitte jener großen regulären Partie, welche man schon Anfangs vom Schloss aus gesehen hat, und die man von dort schon mit ihrem herrlichen Wasserspiegel, der wie flüssiges Silber über die Marmorschalen hinab rauscht, bewundern konnte.

Diese ganz aus Tegernseer-Marmor erst im Jahr 1769 völlig nach ihren gegenwärtigen Stand vollendete Kaskade, besteht aus drei Abteilungen. Aus einem großen, 10 Fuß

(3,05 m) über das Terrain erhöhten ovalen Becken, fällt das Wasser in jede dieser Abteilungen über den horizontalen Rand der oberen Marmorplatten, in dünnen Spiegeln in die drei unten stehenden 48 Fuß (14,63 m) breiten Schalen hinab, von wo dasselbe sich in gleicher Art in das eine untere große Bassin stürzt, und so in jeder der drei Abteilungen zwei übereinander stehende Fälle bildet. Aus der Oberfläche eines jeden, zwischen den Abteilungen stehenden Pfeilern, liegen zwei kolossale Statuen aus Sterzinger Marmor, die Flussgottheiten der Donau und der Isar darstellend, die von Volpini verfertigt sind.

Um das obere Wasserbecken stehen auf marmornen Postamenten die Statuen der Thetis von R. Boos, der Flora und des Äol von Dubut, Herkules und Pallas von Volpini, dann Neptun von Charles de Groff verfertigt.

Diese Art Wasserkünste wurden häufig in den Anlagen der alten symmetrischen Gärten angewendet, und gaben stets einen angenehmen, überraschenden Anblicks wenige aber dürften an Größe, (sie hat eine Breite von 200 Fuß (60,96 m)) schönen Verhältnissen und Genauigkeit der Ausführung der hiesigen Kaskade gleich kommen.

Sie ist die Bewunderung aller Fremden und das Ziel aller Besucher des Gartens.

An den beiden Seiten der Kaskade neben zwei Reihen stattlicher Linden, steigt das Terrain talutartig aufwärts. Von oben erblickt man das halb eirunde breite Wasserdecken, worin sich das flüssige Element erst gleichförmig ausbreitet, ehe es die steinernen Stufen der Kaskade hinabfällt. Von hier aus öffnet sich auch eine weite Aussicht über die Grenze des Gartens hinaus nach dem Dorf Piping[13)]. Ein breiter Kanal, welcher das Wasser aus einer Entfernung von ¾ Stunden, aus dem Flüsschen Würm, dem Garten zuführt, verliert sich dem Auge in weiter Perspektive.

Das benannte Flüsschen Würm, entspringt aus dem sieben Stunden von München entfernten Landsee, der Würm- oder Stahrenbergersee genannt, dessen Länge gegen 7, dessen größte Breite 1½ Stunden misst. Der See hat das schönste, klareste Wasser, das man sich denken kann; und die Würm führt daher das nämliche, wodurch dem Hofgarten zu Nymphenburg eine besondere Zierde zukommt.

Ober der Marmorkaskade schließt ein eisernes Gitterwerk, das quer über den breiten Kanal reicht, den Garten ab, und bildet daselbst die äußerste westliche Grenze desselben.

Ein Blick rückwärts, zeigt dem Lustwandler in der Ferne das königliche Schloss, mit der großen Fontäne, während der schon früher erwähnte breite Kanal mit den beiden Linden-Alleen und den niederen Pflanzungen an seinen Seiten, eine erhabene Perspektive bildet, und dieser regulären Gartenszene, den Charakter wahrhaft fürstlicher Größe ausdrückt.

Die Wanderung fortsetzend tritt der Besucher in die, zu seiner rechten Hand liegende Linden-Allee ein, wo ihn, nach wenigen Schritten, ein kleiner geschlängelter Weg ebenfalls rechts ab, auf die Höhe eines sanften, mit schlanken Lärchenbäumen bekränzten Hügels führt, von wo aus ihn der erste Anblick des freundlichen Sees mit seinem Tempel im Vor- und dem Badhaus im Hintergrunde, angenehm überrascht.

Die einzelnen Schönheiten dieser wahrhaft idyllischen Gartenszene, werden bei Gelegenheit der Wasserfahrt, näher beschrieben werden.

Vom Hügel herabgekommen, folgt der Lustwandler dem Weg zur Linken, der ihn rückwärts am Tempel vorbei, zu einer freien Stelle führt, von wo aus ihn, gegen Westen über die Wasserfläche hin, die äußere Landschaft des Gartens, freundlich anspricht, während gegen Osten, ein anmutiges Tal mit den schönsten und mannigfaltigsten Pflanzungen, in dessen Hintergrund ein Teil des Schlosses hinten hereinblickt, sein Auge fesselt.

Nun führt der Weg durch einen schattigen Hain, an eine andere offene Stelle von der aus, der untere Teil des Sees mit dem am jenseitigen Ufer, im freundlichen Grün majestätischer Lindenbäume gelegenen Badhaus, ein sehr malerisches Bild, darstellt. Eingetreten endlich in den Schatten, eines anderen höchst anmutigen Haines, stellt sich dem Lustwandler eine der schönsten, und gelungensten Szenen dieses schönen Gartens dar, die ihn nicht allein durch die Reize ihrer landschaftlichen Schönheit, sondern auch durch den Wert ihrer künstlerischen Ausführung angenehm überraschen wird. Es ist dieses nämlich die Partie des

Pan

Diese schöne Statue, wurde auf Befehl König Maximilians durch den Hofbildhauer und Direktor der Kunstakademie zu Manheim Peter Lamin, dem nämlichen von dem schon oben bei den Gewächshäusern die Rede war, aus karrarischem Marmor, etwas über Lebensgroß gefertiget. Der Gott sitzt, auf den linken Arm gestützt, auf einer malerischen Felsengruppe und spielt die Rohrflöte. Zu seinen Füßen ruet ein Ziegenbock, der den Tönen zu lauschen scheint. Am Fuß der Felsen sprudelt eine klare Quelle reichliches Wasser in ein natürliches Becken, von wo ersteres als murmelndes Bächlein über reinlichen Kies dahin rauscht, und im dunklen Gebüsche verschwindet.

Diese Gruppe ist meisterhaft gearbeitet und die zweite dieser Art, welche der Künstler gefertigt hatte, da eine ähnliche Statue von ihm, sich in dem berühmten Garten zu Schwetzingen bei Mannheim befindet. Jene Statue ist eine

Arbeit früherer Zeit, diese seine letzte, die er im Jahre 1815 vollendete. Der Monarch war mit der Arbeit des Künstlers so zufrieden, dass er ihm den Orden des Zivilverdienstes der bayerischen Krone verliehen hatte.

Die Gartenszene, wovon hier die Sprache, ist eine der anmutigsten und besonders durch das Plätschern des Wassers und den dichten Schatten, den hohe Ulmen darüber hinwerfen, im Sommer kühl und erquickend. Es war daher diese Stelle der Lieblingsort der königlichen Familie zu Lebenszeiten Königs Maximilians; es sind wenige Tage während ihres Sommer-Aufenthaltes zu Nymphenburg vergangen, an denen nicht dieser Ort von ihr besucht worden ist.

Der Weg führt von hier über die Brücke am Ausfluss des Sees an das jenseitige Ufer desselben, und zwar zum Badhaus, von wo aus die ganze Wasserfläche des Sees mit dessen waldbekränzten Ufern; seinen Inseln und Buchten, sich vor dem Auge des Lustwandlers ausbreitet. Im Vorgrunde auf einem sanften Hügel, zwischen alten, schön belaubten Linden steht das

Badhaus, auch die Badenburg genannt

Kurfütst Maximilian Emanuel erbaute dieselbe im Jahre 1718, und schmückte sowohl das Äußere als Innere dieses Gebäudes mit allem, was der damalige Kunstgeschmack, Reichtum und der üppigste Lebensgenuss nur ersinnen konnte. Es herrschte in diesem Bade ein Luxus, wie ihn nur die berüchtigten Bäder des Orients darbieten konnten. Möbel und Ausschmückung der Wände geschah mit indischen reich mit Gold und Silber durchwirkten Stoffen, die Gemächer, bloß für den Genuss des Bades eingerichtet, boten alle Bequemlichkeit und Annehmlichkeit des feineren Wohllebens dar.

Allein in späteren Zeiten, und wie man sagt, auf Veranlassung der Kaiserin Amalia, verschwanden alle diese Herrlichkeiten und Gegenstände der Üppigkeit, darunter auch eine Sammlung von Gemälden, die meist erotische Darstellungen enthielten. Nur das Marmorbad allein hat sich erhalten, und kann dem Besucher einen Begriff des vormals hier geherrschten Luxus geben.

Gegenwärtig trägt das Gebäude, wie seine Gemächer, den Charakter der Einfachheit.

Seine Architektur ist römisch-dorisch, nach dem damaligen Zeitgeschmack modifiziert. Über 9 Stufen einer, die ganze Breite des Gebäudes einnehmenden auf der entgegengesetzten Seite sich wiederholenden Marmortreppe, gelangt man in einen freundlichen Saal, der durch 11 große und kleine Fenster, so wie durch die drei Eingangstüren mit Fenstern, erhellt wird. Der Plafond in Fresto, von dem Maler Johann Amicosni gemalt, stellt den Tag und die Nacht auf mythologische Weise dar. Ja den Nischen der 12 runden Fenster, stehen römische Büsten aus weißem Marmor gearbeitet, auf Statifen von farbigem Marmor. Eben so zieren 12 kleinere auf Konsolen stehende Büsten die Wände des Saales. Die architektonischen Ausschmückungen sind reich mit Stuckaturarbeiten und Vergoldungen geziert.

Aus diesem Saal tritt man in ein Vorzimmer, durch dessen gläserne Flügeltüren die Aussicht ins Freie gegönnt ist und das Auge durch den Anblick der, das Schlösschen umgebenden Gartenanlage, und einer Fernaussicht in das bayerische Gebirge angenehm überrascht wird. Zur rechten Hand kommt man in das eigentliche große Marmorbad, dessen Wände mit dem schönsten künstlichen Marmor bekleidet sind. Der Plafond ist von dem Maler Bertin, damaligen Mitglied der königl. Akademie zu Paris gemalt, und enthält mythologische Darstellungen als: den Zyklopen Polyphem, Jupiter und Leda, Amphitrite, dann Jupiter und Europa, samt mehreren Gruppen aus Nymphen bestehend.

Über ein eisernes mit vergoldetem Laubwerk und dem Namenszuge des Kurfürsten geziertes Gitterwerk, erblickt man in der Tiefe von 12 Schuhen das große, 30 Schuhe lange und 21 Schuhe breite Bade-Becken, dessen Boden und Seiten, auf Mannshöhe, mit Bleiplatten ausgelegt sind. Die Wände zieren weiß glasierte und blau gemalte, sogenannte niederländische Porzellanplättchen, welche dem Ganzen den Charakter großer Reinlichkeit geben.

Zwei Wendeltreppen führen aus den oberen Gemächern in das Bad, worin sich Tische und Bänke von Marmor zur Bequemlichkeit der Badenden befinden. Aus zwei großen vergoldeten Krahnen lässt man kaltes und warmes Wasser ein.

Die anderen Gemächer des Badhauses sind teils zu Spielteils zu Ruhezimmern bestimmt. Zwei Gemälde von dem Maler Porta, Früchte, Blumen und einige Tiere vorstellend, und eine Schweinshetze von Wachslunger, zieren dieselbe. Auch ist die Abbildung eines weißen Fuchses, welchen Kurfürst Max Joseph III. im Jahr 1777 selbst geschossen, im großen Vorzimmer aufgehängt.

Alle Zimmer des zweiten Stockes waren für den Gebrauch der warmen Bäder und als Ruhezimmer eingerichtet. Das Kellergeschoss enthält die Anstalten zur Erwärmung des Wassers und eine Küche.

Von diesen Gegenständen des Luxus und der raffinierten Sinnengenüsse wendet sich nun der Lustwandler wieder zu den reineren Freuden, welche die Natur verleiht, und eilt sich diesen sanften Gefühlen während einer Fahrt auf dem wahrhaft idyllischen See zu überlassen. Eine leichte Gondel, die er samt Führer am Ufer findet, ladet ihn hier ein.

Die Wasserfahrt auf dem See

Der Aufseher des Badhaus-Gebäudes, welcher in einem, diesem Gartenpavillon nahe gelegenen und durch Pflanzungen gedeckten Nebengebäude wohnt, verbindet mit seinem Dienste auch die Funktion eines Gondeliers auf den daselbst befindlichen Gondeln, und ist stets bereit sowohl den Fremden das Gebäude zu öffnen, sowie auch dieselben mit der Gondel auf dem See zu fahren, wenn sie danach Verlangen tragen.

Das Fahren mit Gondeln war am Hofe Max Emanuels sehr Mode geworden. Dieser Fürst, welcher sich einige Zeit zu Venedig aufhielt, gewann diese Art Wasserfahrt sehr lieb und ließ daher Gondeliere und Gondelbauer von dort nach Nymphenburg kommen, mehrere Gondeln daselbst anfertigen, und führte so die später noch häufig auf den Kanälen des Gartens mit großer zeremonieller Pracht gehaltenen Schiffsfahrten ein. Diese Wasserfahrten, da sie nur auf den schmalen Kanälen des Gartens stattfinden konnten und daher wenig von den Reizen einer Wasserfahrt auf einer ausgebreiteten Wasserfläche darboten, gewannen aber durch den großen Glanz, den der Hof dabei entfaltete, ein nicht geringes Interesse, da Damen und Herren in größter Hofgala der damaligen Zeit bei dieser Gelegenheit erscheinen mussten. Die Gondeln, welche hierzu gebraucht wurden, strotzten von Vergoldungen, und waren mit Seiden- und Samtstoffen ausgeschlagen. Die Gondoliere, wozu die kurfürstlichen Schlossdiener verwendet wurden, und welche ihre Fertigkeit mit Gondeln zu fahren, entweder in Venedig selbst, oder durch die von daher verschriebenen Gondoliere hier erlernt hatten, waren in reiche, eigens für Wasserfahrten bestimmte Kostüme gekleidet.[14)]

In langen Reihen schoßen die Gondeln aus den Kanälen dahin, die schönsten enthielten die höchsten Fürstenpersonen, die anderen den hohen Adel des Hofes; einige waren mit Musik besetzt; viele Menschen begleiteten dieselben längs den Ufern.

Besonderes Vergnügen an diesen Wasserfahrten fand auch der Kurfürst Carl Theodor, der zu diesem Ende mehrere Kastenschleußen, eine im Garten im Jahre 1780, die andere im Zirkel vor dem Schloss im Jahre 1782, anlegen ließ, um mittels dieser die Verschiedenheit des Wasserniveaus der Kanäle zu überwinden, und seiner Fahrt eine größere Ausdehnung zu geben.

Auch diese Art fürstlicher Vergnügungen, die mit dem steifen Prunke der alten Höfe in so gutem Einklang stand, für die heutigen Tage aber ebenso wenig, wie die Perücken und Haarzöpfe passen würde, ging mit ihren Zeiten unter.

Stiller zwar, aber weit genussreicher wird nunmehr für denjenigen, der sich das Vergnügen einer Gondelfahrt machen will, eine Tour auf dem malerischen See des Gartens sein, dessen Fläche mit den Inseln die nicht unbeträchtliche Ausdehnung von mehr als 18 Tagwerken erreicht. Wo er hinblickt, steht er die mannigfaltigsten Pflanzungen, welche bald kräftig hervor, bald ins geheimnisvolle Dunkel zurücktreten.

Hier bildet eine Gruppe dunkler Erlen den düsteren Hintergrund, dort stellen sich leichte Akazien mit ihrem frischen, lichten Grün in den Vordergrund; während an den traulichen Ufern der Inseln die weinende Trauerweide ihre herabwallenden, fadenförmigen Zeige in der klaren Welle des Sees netzt. Hier, zwischen Inseln durchgeschifft, überrascht ihn der schlanke Bogen einer leicht geschwungenen Brücke, welche den Weg über den Einfluss des Sees hinwegführt. Dort ladet eine Bank unter dem Schatten leichter Birken den Wanderer ein, sich auf den sanften Hügel niederzulassen, und dem Segeln majestätischer Schwäne, oder dem munteren Spiele schnatternder Enten zuzusehen.[15)]

Hier endlich auf einer weit vorspringenden Landzunge, zum Teil im Laub üppiger Akazien verhüllt, steht ein runder Tempel auf schlanken Säulen, nach dem Modelle des Vesta-Tempels zu Tivoli, jedoch ohne Zelle erbaut. Eine Statue des Apollo ziert die Mitte. Der Gott ist in ruhender Stellung.

Tiefer Ernst umhüllt sein Auge, denn er hat soeben, der Bitte des sich ihm nähernden Amors nachgebend, aufgehört die totbringenden Pfeile ins griechische Lager vor Troja zu senden. Die Liebe reicht ihm statt des Bogens die Lyra, als ein des Gottes der Dichtkunst würdigeres Atribut, dar.

Dieser in den schönsten Verhältnissen griechischer Architektur gehaltene, von 10 Säulen ionischer Ordnung getragene Tempel bildet ein sehr herrliches Objekt in dieser großartigen Gartenszene; denn er wird von den meisten Punkten des Sees gesehen, und zeigt sich überall gleich schön, gleich zierlich und leicht.

Drei Inseln liegen zerstreut in dieser Wasserfläche; ihre Bepflanzung ist mannigfaltig und kräftig; sie sind die natürlichen Zufluchtsorte für das daselbst in großer Anzahl befindliche wilde und zahme Wassergeflügel. Vom Tempel ablenkend und nach der Stelle der Abfahrt wieder zurückkehrend, bietet das zur Linken liegende Seeufer dem Auge die reichlichste Mannigfaltigkeit farbenreicher Pflanzungen, von Silberpappeln, der weißen Weide, der schlanken italienischen Pappel und der dunklen Erle gebildet, dar; und letztere geben dieser Gartenszene jenen magischen Reitz, der dieselbe von den Gebilden der natürlichen Waldszenerie unterscheidet.[16)]

Bei dem Landungsplatz angekommen, widmet der Besucher noch einige Aufmerksamkeit der daselbst befindlichen Maschine, genannt

der Wasserschlitten

Dieses in seiner Art einzige Wasserfahrzeug wurde von dem verstorbenen königl. Oberstbergrat und Direktor des Hofbrunnenwesens, Ritter Joseph von Baader, über den nachher Näheres berichtet werben soll, um das Jahr 1810 erfunden.

Diese Maschine, deren Name von ihrer Form, der eines Schlittens mit erhabenem Sitz ähnlich, genommen ist, besteht aus einem Stuhl, der auf zwei hermetisch verschlossenen, kleinen, kupfernen Schiffchen ruht, und von diesen getragen wird. Vom Stuhl aus, worauf nur eine einzige Person Platz nehmen kann, bewegt diese durch eine mechanische Vorrichtung mit ihren Füßen zwei kleine Ruder, mit denen sie sich sodann fortbewegen und hinwenden kann, wohin es ihr beliebt, während der obere Körper ruhet, oder mit Lesen, Zeichnen, etwa auch mit dem Schießgewehre sich beschäftigen kann. Ein an dem hinteren Teile zwischen den beiden Schiffchen angebrachtes Steuerruder, das mittelst einer seitwärts stehenden eisernen Stange bequem bewegt werden kann, dient zur leichten Direktion des Wasserschlittens.

Da so viele Fremde an dieser Maschine so großes Interesse nehmen, und oftmals die Zeichnung davon zu erhalten wünschen, so folgt letztere hier bei.

Der Weg auf der Rückseite der Badenburg, führt abwärts in ein anmutiges Thal, dessen linke Seite von kleinen, mit Lärchen und immergrünen Wehmutskiefern besetzten Hügeln bekränzt wird, die in sanften Wellenlinien sich im Tal verlieren. Kleine Felsengruppen, über welche rankende Pflanzen dahin laufen, und Pflanzungen von virginischem Wacholder, mit denen der immergrüne Lebensbaum abwechselt, begrenzen den oberen Rand dieser Hügel. Ein leicht sich schlängelnder Weg führt darüber hin, von dem sich dem Auge eine weite Aussicht durch zwei Hahas auf die umliegende Landschaft öffnet. In einer Entfernung von einer Viertelstunde erblickt man das Gebäude der Steingutfabrik bei dem Dorf Laim, wo selbst sehr gutes Steingut, das sich eines reichlichen Absatzes erfreut, fabriziert wird.

In weiterer Entfernung begrenzt den Horizont das bayerische Hochgebirge, das bei heiterer Luft einen freundlichen Anblick gewährt. Die Aussicht zur rechten Hand zeigt, in der Entfernung einer halben Stunde, das Dörfchen Pasing an der Würm.

Dem kleinen Weg links folgend kommt man den Hügel abwärts durch einen anmutigen Hain von schlanken Larchenbäumen, bald in ein anderes, kleines, malerisches Tal, dessen Seiten kräftige Massen von Lärchen, Vogelbeerbäumen und weißer Hartriegel bilden.

Kaum aus dem Tälchen herausgetreten, stellt sich zur rechten Hand das Menageriegebäude dar.

Dieses wurde vom Kurfürsten Maximilian Joseph III. erbaut und im Jahre 1778 vollendet, war ursprünglich bloß zu einer Goldfasanerie bestimmt, später aber wurde es, unter König Maximilian, erweitert und zu einer Menagerie verwendet, zu welchem Zwecke es sich durch eine schöne und sachgemäße Einteilung vorzüglich eignet. Die drei Hauptgebäude enthalten die nötigen Behälter für die daselbst zu haltenden Tiere. An jedes einzelne Behälter schließt sich ein freier, auf den drei Seiten mit Stacketen, oben mit Netzen eingeschlossener Platz an, wohin die Tiere bei schöner und warmer Witterung aus ihren Behältern gelassen werden können. Fast in jedem derselben befindet sich ein kleines Bassin mit springendem Wasser, zum Baden und Tränken der Tiere. Für Wassergeflügel ist die erforderliche Vorkehrung durch Weiher und fließende Bäche getroffen; so wie auch für das zahlreiche Geschlecht der Hühner die nötigen Separationen zur Reinhaltung der Spielarten vorhanden sind. Hier befindet sich ein Menagerie Wärter, welcher zugleich das im Hofgarten ernährte Wassergeflügel, als: Schwänen deren stets mehr als 50 Stücke die Gewässer des Gartens beleben, dann die Enten und Gänse zu besorgen hat.[17)]

Die Wassermaschinen

Ganz in der Nähe der Menagerie steht das im Jahre 1803 neu erbaute Brunnhaus, wo selbst sich die zwei großen Wassermaschinen befinden, welche die Fontänen, deren herrlicher Wasserstrahl den Lustwandler schon bei dem Anblick des Parterres entzückte, treiben.[18)]

Dass erste Werk wurde in dem Jahre 1803 bis 1804, das andere im Jahre 1817 erbaut, beide von dem k. Oberstbergrat Ritter von Baader entworfen, und durch den k. Hofbrunnenmeister Franz Höß ausgeführt. Der Luftkessel des älteren Triebwerkes führt daher folgende lateinische Inschrift:

Maximiliani Josaphi IV.
Electoris jussu et auspiciis
exstruxit
Josephus Baader Inventor
MDCCCIII

Das ältere Triebwerk wird durch ein unterschlächtiges Wasserrad von 16 Schuh Durchmesser, bei 7 Schuh trockenem Gefäll und 3 Schuh Wasserstand vor der Fallschütze, folgendermaßen in Gang gesetzt.

Auf der verlängerten Wasserradwelle sind in gehöriger Entfernung zwei Zykloiden von 22 Zoll (0,56 Meter) Hubhöhe aufgekeilt, auf welchen zwei mit Friktionsrädern versehene Balanziers gehen, an deren jedem drei Zylinder mit 9 Zoll (22,86 cm) Kolbenöffnung und der entsprechenden Hubhöhe von 22 Zoll (0,56 Meter) vorgerichtet sind.

Das jüngere Triebwerk hat ein unterschlächtiges Wasserrad von 18 Schuh Durchmesser, 7 Schuh trockenem

Gefälle und 3 Schuh Wasserstand vor der Falle. Das Druckwerk besteht aus zwei mit Kurbelbewegung in Gang gesetzten Balanziers, an welchen zusammen 8 Zylinder von 1 Schuh Kolbendurchmesser vorgerichtet sind. Nach dem Stand des Aufschlagwassers durchlaufen die Wasserräder 8 bis 11 Umdrehungen in der Minute. In gleicher Zeit werden 3343 bis 4775 Maß Speisewasser in einer gemeinschaftlichen Leitungsröhre von 1 Schuh Öffnung zur Fontäne gefördert, deren Mündungs-Aufsatz 10 Zoll im Strahldurchmesser und 1½ Linie Ringwasser-Öffnung hat. Die Sprunghöhe der Fontäne variiert im Verhältnis des Aufschlagwassers von70 bis 100 Schuhen.

Im linken Flügel des königl. Schlosses wurde im Jahr 1807 vom genannten Oberstbergrat Ritter v. Baader und dem k. Hofbrunnmeister Höß ein Druckwerk erbaut, für den Betrieb einer zweiten Fontäne vor dem k. Pavillon, welches im Jahr 1835 als baufällig abgetragen, und von Höß ganz neu in Gußeisen hergestellt wurde.

Drei oberschlächtige Wasserräder von 9 Schuh Durchmesser setzen das Druckwerk folgendermaßen in Gang:

An jeder Radwelle sind zwei Kurbelzapfen angebracht, von denen jeder einen Balanzier in Bewegung setzt; an jedem Balanzier sind zwei Zylinder von 1 Schuh Kolbendurchmesser und 2 Schuh Hubhöhe vorgerichtet; sodass je zwei Zylinder ihr Speisewasser in einen eigenen Rezipienten zusammen liefern, und somit 12 Zylinder ans 6 Rezipienten mittelst zwei Ableitungs-Röhren, die sich außerhalb des Werkes in die Hauptleitungs-Röhre von 14 Zoll (35,56 cm) Durchmesser vereinigen, das ganze Sprungwasser in derselben bis zur Ausmündung hinliefern. Der Fontänen-Aufsatz an der Ausmündung hat einen Strahldurchmesser von 12 Zollen mit 1½ Linien Ringöffnung. Bei 8 bis 10 Radumdrehungen in der Minute liefert die Fontäne 3617 bis 4521 Maß Wasser, bei einer Sprunghöhe von 80 bis 100 Fuß (30,48 m).

Bei jeder der beiden eben beschriebenen hydraulischen Maschinen wohnt ein eigener Maschinenwärter, dem die Regulierung und Wartung derselben anvertraut ist, und welcher diese auf Verlangen den Fremden zu zeigen, und die nötigen Erläuterungen beizufügen vermag.

Die Biber

Ganz in der Nähe des Maschinenhauses im Garten befindet sich das Biberbehältnis, wo selbst seit dem Jahre 1754 mehrere Biber, wenigstens aber ein Pärchen davon gehalten werden. Kurfürst Max Joseph III. liebte diese Tiere und ließ für dieselben ein eigenes, aus zwei Bassins und zwei kleinen Häuschen bestehendes Behältnis einrichten, und dieses mit einer Brustmauer umgeben. Die Tiere befinden sich in den kleinen Häuschen, wo dieselben sich ein Lager aus Holzspänen bereiten, die sie aus den, ihnen gereichten Weidenästen, mit ihren vier großen scharfen Schneidezähnen zugerichtet haben. Von Zeit zu Zeit gehen sie durch gemauerte Gängen, in das daneben befindliche Bassin, schwimmen und tauchen im Wasser mit einer bewunderungswür digen Fertigkeit, wobei ihnen ihr breiter, ruderähnlicher Schweif, als Steuerruder sehr zu statten kommt. Die hiesigen Biber werden in den bayrischen Flüssen, als: der Amper, Isar und der

Donau gefangen, und in ihrer Gefangenschaft mit schwarzem Brot und Weidenrinden gefüttert. Junge haben — dieselben hier niemals geworfen, auch zur Verfertigung der, den Bibern eigenen, wahrhaft künstlichen Bauen, welche dieselben oft an Flüssen anlegen, finden sie hier keine Gelegenheit.

Der Anblick dieser Tiere, welche uns ein kostbares Pelzwerk und den in der Medizin so sehr geschätzten Bibergeil liefern, deren Schweif auch als köstlicher Leckerbissen gegessen wird, dürfte für jedermann Interesse gewähren, da man lebende Biber, selten zu Gesicht bekömmt; in wandernden Menagerien erhalten sich dieselben nicht, und werden überhaupt auch selten lebend gefangen, da ihre Anzahl sich bereits in Europa sehr gemindert hat.

Ein eigener Biberwärter zeigt diese Tiere den Schaulustigem.

Vorbei an einem künstlichen Wasserfall, eigentlich einer aus dem symmetrischen Garten noch übrig gebliebenen Kastenschleuse, welche im Jahre 1765 auf Befehl Max Joseph III. erbaut, und die, wie oben erwähnt, zur Schifffahrt gebraucht wurde, führt der Weg nach dem dritten Gartenpavillon der

Amalienburg

Dieses wunderschöne, im Schatten schlanker Föhrenbäume, welche daselbst sich hainartig gestalten, und die mit Pflanzungen von Lebensbäumen und virginischen Wacholder unterbrochen sind, im französischen Baustil erbaute Gartenschlösschen, wurde, wie schon oben angeführt, auf Befehl des Kukfürsten Carl Albert im Jahre 1734 durch den Hofbaumeister Cuvillier aufgeführt; und dessen innere Dekoration mit dem größten Luxus des damaligen Geschmackes herrlich ausgeschmückt; sodass es als das schönste Muster dieser Art angesehen, und jedem Fremden als einer der sehenswürdigen Gegenstände dieses Gartens empfohlen werden kann. Der Kurfürst, nachmaliger römischer Kaiser, nannte dasselbe zu Ehren der Kaiserin, seiner Gemahlin, Amalienburg. Diese Fürstin, welche eine große Jagdfreundin war, pflegte es oft zu besuchen, und daselbst sich den Vergnügungen der Fasanenjagd zu überlassen.

Um das Schlösschen nämlich, befand sich damals eine Fasanerie, und die Kaiserin pflegte von einer auf der äußeren Seite der Salonkuppel angebrachten, mit vergoldetem Gitterwerke versehenen runden Galerie die aufgejagten Fasanen im Flug zu schießen.

Über eine, aus rotem Marmor erbauten, aus drei ovalen Stufen bestehenden Treppe, gelangt man in den mittleren Salon, dessen runde Wände aus lauter Spiegel und aus bläulichem Grunde angebrachten, gut versilberten erhabenen Schnitzwerken, bestehen.

Der gewölbte Plafond und das Fries trägt denselben Grundton, und ist ebenfalls mit erhabenen versilberten Verzierungen dekoriert. Ein schöner großer Lüster aus venezianischem Glas ist zur Beleuchtung des Saales bei nächtlichen Festen bestimmt. Man kann sich keine Vorstellung machen von der herrlichen Wirkung dieses Saales bei solchen Gelegenheiten, wenn man ihn

nicht selbst gesehen hat. Er gleicht im vollen Sinne des Wortes einem Feenpallast. Die Stühle sind mit echt chinesischen, silberdurchwirkten Seidenzeugen überzogen.

Das Zimmer links ist mit gleichen versilberten Verzierungen auf gelbem Grund dekoriert; es befinden sich darin an Gemälden:

4 Tableaus, Abbildungen von Federvieh enthaltend, von Jan Fyt gemalt.

4 Landschaften mit Abbildungen von in- und ausländischem Federvieh und vierfüssigen Tieren, von F. de Hamilton.

4 Jagdstücke, welche die französische oder Parforce-Jagd, dann die deutsche Jagd sowohl auf Hirsche als Schweine, und endlich die Fallen oder niederländische Jagd vorstellen. Die Figuren darauf erscheinen bei jeder einzelnen Jagd in den hierfür vorgeschrieben gewesenen Kostüme, als: bei der Parforcejagd in hellblauen mit Silber, bei der Hirschjagd in dunkelgrünen, bei der Schweinjagd in hecht-

grauen mit Silberschnüren, und endlich bei der Falkenjagd wieder in hellblauen mit Silberborten besetzten Jagdkleidern. Der größte Teil der Figuren sind Porträts der Personen des damaligen bayerischen Hofes.

J. Horemanns walte diese Tableaus in den Jahren 1736 bis 1739.

Eine Ansicht von St. Cloud bei Paris von Bapt. Feret.

Eine detto von Sûrene sur Seine von Ebendemselben.

Dann 2 Tableaus von Horemanns in den Jahren 1732 und 1734 gemalt; Abbildungen von Hoffesten vorstellend, welche Kurfürst Carl Albert im Jahre 1727 zur Feier der Geburt des Kurprinzen Maximilian Joseph, nachmalig der dritte Kurfürst dieses Namens, und seiner eigenen Erbhuldigung durch Bayerns Landstände gegeben hat.

Das Eine, ein Damenkarussell und maskierte Bauernhochzeit, wurde in dem Jagdschloss zu Fürstenried am 14. Mai des benannten Jahres[19)], das andere aber, ein Turnier auf Hirsche, zwischen Nymphenburg und Allach am darauffolgenden Tage abgehalten.

Diese 2 Tableaus, aus welchen die Personen größtenteils wieder Porträts sind, und die oben erwähnten 4 Jagdstücke, möchten für die gegenwärtige Zeit von besonderem Interesse sein, und eine unterhaltende Ansicht gewähren, da uns dieselben Kleidertrachten und Hofkostüme einen längst entschwundenen Zeit ins Gedächtnis zurückrufen und einen Begriff von dem barocken Luxus der alten Höfe geben.

Das Zimmer rechts, wahrscheinlich als Schlaf- oder Ruhezimmer gebraucht, ist gleichfalls mit versilberten aus zitronengelben Grunde angebrachten Verzierungen, Jagdgegenstände vorstellenb, geschmückt, und enthält die beiden Bildnisse Carl Alberts und seiner Gemahlin Amalia. Beide sind im Jagdkostüm von Des Marées gemalt. Die

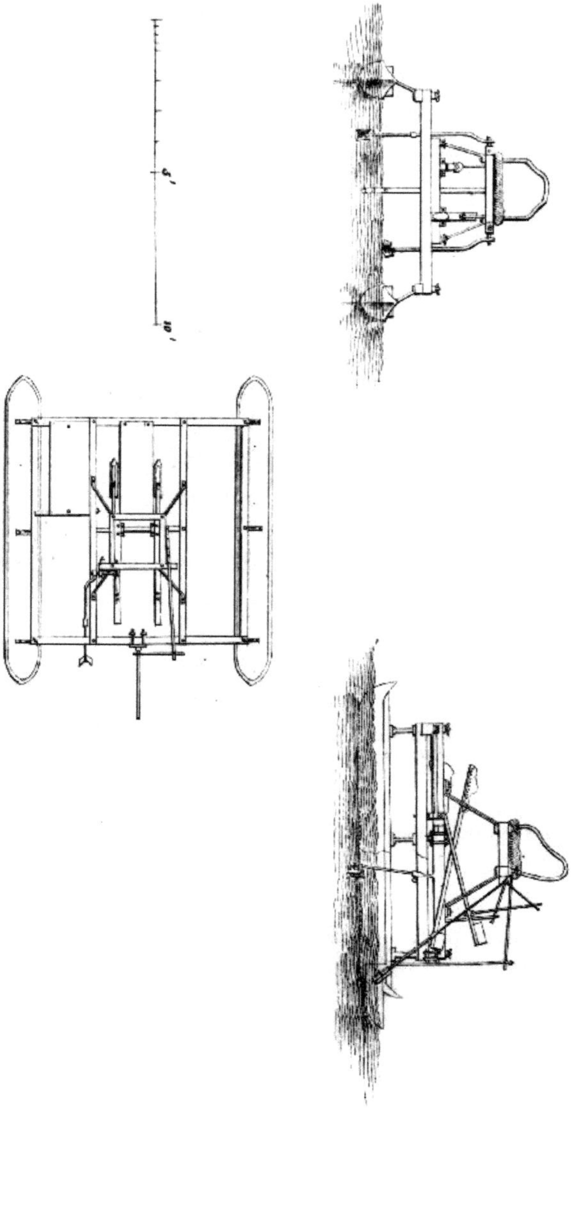

Der Wasserschlitten

Stühle, Vorhänge und das Ruhebett sind mit schwerem Brokat-Seidenzeug überzogen.

Die Seitengemächer enthalten noch 4 Tableaus, Insekten und Amphibien darstellend, von F. de Hamilton gemalt, samt 4 Landschaften von Waaterschoots?

Hier ist ferners die Gewehrkammer, mit den Behältnissen für die Jagdhunde.

Es befindet sich auf dem rechten Flügel des Schlösschens auch eine Küche, welche mit weißen und blau bemalten, sogenannten delfischen Porzellan-Täfelchen ausgeziert ist, worunter aber echt chinesische sind, und welche letztere Blumen-Bouquett und Landschaften vorstellen. Diese Küche ist für das Auge ebenfalls ein sehr artiger und den Begriff höchster Reinlichkeit mit sich führender Gegenstand.

Amalienburg, dieses liebliche Schlösschen, dessen Inneres einen wahrhaft bezaubernden Anblick ganz eigener Art gewährt, den man, wie schon gesagt, jedem Fremden mit Zuversicht empfehlen kann, welch' immer auch die Herrlichkeiten waren, die sein Auge schon gesehen haben mag, wird gegenwärtig von König Ludwig, besonders zur Winterszeit bei den Hofschlittenfahrten, öfteres besucht.

Der König pflegt mit 30 oder 40 der höchsten und hohen Personen seines Hofes in reichen und geschmackvoll gezierten Schlitten, und unter dem Klang der sie begleitenden Musik, sich aus München hierher zu begeben, daselbst in dem runden Spiegelsaal nach aufgehobener Tafel einen ländlichen Tanz zu halten, und des Abends unter Fackelschein sich wieder zurück in die Stadt zu begeben.

Ein solcher Schlittenzug, besonders bei guter Schlittenbahn, wobei die Schlitten leicht und flüchtig über die gefrorene Bahn dahingleiten, sieht sehr gut aus und bietet für den Fremden aus südlichen Ländern einen neuen interessanten Anblick ganz eigener Art dar. Eine Reihe von Schlitten, jeder anders, oft launenhaft aber immer sehr reich ausgeschmückt, jeder von zwei elegant, in verschiedene Livréen gekleidete, Jockeis zu Pferde begleitet, welche des Abends Flambeaus führen; jeder Schlitten mit einer im schönen Pelzanzug gekleideten Dame und einem Herrn, der die Zügel der Pferde führt, besetzt; voraus der große Schlitten mit der täuschenden Janitscharenmusik, durchzieht sodann die Straßen der Stadt, deren Bewohner das seltene Schauspiel, noch mehr aber der Anblick seines geliebten Fürstenpaares erfreuet.

Auch in diesem Schlösschen befindet sich ein eigener Schlossdiener, welcher dem Fremden dasselbe auf Verlangen öffnet.

Von Amalienburg führt der Weg über eine schöne, mit einem bronzierten Eisengeländer, leicht gezierte Bogenbrücke, vorbei an, den anmutigsten Pflanzungen und blühenden Blumengruppen, zu den sogenannten

Prinzengärtchen

Diese Gärten, um das Jahr 1804 angelegt, mit einer leichten Stackete eingeschlossen, sind nicht für den öffentlichen Besuch bestimmt. Sie bestehen aus schattigen Gängen, kleinen Blumenbeeten, Bauernhäuschen mit kleinen Ökonomien, worin Hühner, Tauben, Schafe, Geisen usw., alles zum Vergnügen der königl. Kinder bestimmt, gehalten werden. Diese Gärten wechseln ihre Besitzer, die älteren Geschwister treten sie wieder den jüngeren ab, um die glücklichen Stunden der Kinderwelt darin zu genießen.

Manches hochverehrte Mitglied unserer teuern Regenten-Familie, hat als junger Prinz oder Prinzessin viele heitere Stunden des jugendlichen Alters darin zugebracht; daher dieselben voll von Andenken und teuern Erinnerungszeichen sind, und keine der oben benannten erhabenen Personen, die oft die Throne weit entfernter Völker schmücken, ist je zum väterlichen Fürstenhaus, sei es auch nur auf kurze Zeit, zurückgekehrt, ohne die heiteren Orte, wo die blütenreiche Kinderwelt sie durchlebtem mit wehmütiger Freude wieder begrüßt zu haben. Es befindet sich unweit von da ein Gärtchen, welches selbst den König Ludwig als Knabe und Jüngling gesehen; wo selbst er nicht allein Stunden der Erheiterung, sondern auch Stunden des ernsten Studiums zugebracht, und einen Teil des reichen Wissens, das nun sein Volk beglückt, gesammelt hat. Noch jetzt besucht der König öfters im Jahre dieses niedliche Gärtchen, worin sich ein artiger Gartenpavillon, ein kleines Bächelchen, welches aus Felsen hervorsprudelt, und ein kleiner Teich, worin Goldfische gehalten werden, befindet. So war es, als der fürstliche Jüngling es verließ, so fand es der zum Mann gereifte König wieder, unverändert wie sein kräftiger Wille!

Zuletzt und ehe der Lustwandler sich dem Thor des Schlosses wieder nähert, um diesen schönen Garten zu verlassen, lenke er noch einmal seine Schritte zu einem, für jeden mit Liebe an seinem Regentenhause hängenden Bayer, dem alles wichtig ist, was sich auf Vater Max den Guten bezieht, nicht minder ehrwürdigen Ort, nämlich dem sogenannten

Kabinett-Gärtchen

Es ist dieses ein kleines, unmittelbar an die Zimmer, welche König Max bei seinem Aufenthalt in Nymphenburg zu bewohnen pflegte, stoßendes, in dem natürlichen Gartenstil gehaltenes und mit allem Reichtum der exotischen Pflanzenwelt geschmücktes Gärtchen, welches durch ein leichtes eisernes Gitterchen von dem großen Hofgarten getrennt ist, und bloß zur ungestörten Erholung des Königs und seiner erhabenen Familie bestimmt war, von ihm auch besonders geliebt wurde, so dass er es nur seinen Bijou zu nennen pflegte.

In der Mitte dehnt sich ein Tälchen von kurzgeschorenem Rasen bis zu einer künstlichen, aus rotem Marmor gearbeiteten Kaskade[20)] aus. Rechts und links bilden dichte Pflanzungen von chinesischem und persischem Flieder, Schneeballen, Gewürzsträucher, rotblühenden Weißdornen, Trompeten- und Tulpenbäumen, von der Blutbuche, der Hängesche und anderen schönen und zum Teil noch seltenen Bäumen und Sträuchern, den Rahmen zu diesem Gemälde, und beschatten den unter ihnen hinlaufenden, mit Immergrün begränzten Fußpfad; während zunächst an den königl. Zimmern schöne Massen wohlriechender Blumen sich entfalten, welche Auge und Geruch gleich sehr ergötzen.

In der schattigen Tiefe des kleinen Talgrundes vor der Kaskade erblickt man links im Gebüsche, das seinen Schatten darüber wirft, die Statue des schlafenden Endymions, rechts aber tritt Diana, die jungfräuliche Göttin, von der Liebe geführt, mit abgespanntem Bogen und leisem Schritte aus dem dunklen Haine hervor, um sich dem schönen Schäfer zu nahen. Schüchtern schreitet die Göttin, der Atem scheint ihr zu stocken, leise berührt ihr Fuß den Boden, auf dass er nicht erwache, der Gegenstand ihrer ersten und einzigen Liebe, und nicht Zeuge sei ihrer weiblichen Schwäche!

"So begann's im Hain zu tagen,
Als die keusche Cynthia,
Hoch vom stolzen Drachenwagen,
Den geliebten Schläfer sah:
Als die Fluren sich verschönten,
Und mit holdem Zauberton,

Götter-Melodien tönten:
Seliger Endymion!"
Matthisson

Die Kaskade von rotem Marmor bildet zwei Becken, wovon das Obere 5 Fuß (1,52 Meter) über dem Unteren erhaben ist. Im ersten steht ein sogenannter Nape d'eau von schirmartiger Form, über den sich das Wasser nach allen Seiten gleich vertheilt, ins Becken ergießt, und einen Wasserspiegel von der Form einer Glasglocke bildet. Aus diesem Becken fällt das Wasser sodann über glatten Marmorrand hinab in das untere Bassin, und bildet die Kaskade. Das Ganze ist sowohl an sich, als durch die Umgebung eine der lieblichsten Szenen im Nymphenburgergarten.

König Max hielt in diesem Bassin zwei schwarze Schwanen, seltene Vögel aus Neuholland.

Ober der Kaskade steht ein 31 Schuh langer, länglicher

Würfel von Marmor, in dessen Mitte sich eine steinerne Nische im griechischen Stil befindet. In dieser Nische stand ehemals eine sehr schöne Venus von Canova, welche aber dermalen den Saal neuer Bildwerke in der Glyptothek zu München ziert. Auf dem rechten Ende des Würfels steht die Statue des Sylen, der mit dem jungen Bacchus spielt, zur Linken aber eine Leda mit dem Schwan. Diese vier im Kabinett-Gärtchen sich befindenden Statuen sind von Conrad Eberhard, Professor der Bildhauerkunst an der k. Akademie zu München, aus Befehl Max Josephs verfertigt, und um das Jahr 1818 hier aufgestellt worden.

Obschon dieses schöne, anmutige Gärtchen, merkwürdig durch den Umstand, dass es der Lieblingsaufenthalt eines für Bayern unvergesslichen Fürsten gewesen, durch ein verschlossenes Gitter von dem großen Garten getrennt ist, so wird doch Fremden auf ihr Verlangen der Zutritt gestattet, und den Führern ist es bekannt, wohin sie sich wegen des Schlüssels zu wenden haben.

Dem Kabinettsgärtchen entsprechend, auf der entgegengesetzten Seite des Schlosses, befindet sich das sogenannte Kaisergärtchen, von dem bereits oben schon Erwähnung geschah. Es liegt zunächst den Kaiserzimmern, enthält ein reichlich besetztes Blumenparterre, ein Bassin mit springendem Wasser und angenehm kühlende Laubengänge.

Auch dieses Gärtchen ist den königlichen Prinzen zu ihrem Vergnügen überlassen, und deswegen von dem großen Hofgarten durch Staketen abgeschlossen. Der Faden, der den fremden Gartenfreund durch das Labyrinth dieses schönen und ausgedehnten Gartens, der einen Flächeninhalt von 556 Tagwerken oder Morgen Landes enthält, geleitet hat, ist abgelaufen, und ersterer befindet sich wieder dem Haupt-Pavillon des königl. Schlosses gegenüber, und auf den schönen Parterre mit ihrem majestätischen Wasserstrahl, von wo er ausgegangen ist. Er sah alle die Schönheiten dieser großartigen Anlage, die das Werk mehrerer guter Regenten Bayerns während eines Zeitraumes von mehr als anderthalb Jahrhunderten ist.

Mögen sie ihm gefallen haben, möge er ihren Eindruck lange bewahren, und öfters froh zu ihnen zurückkehren!

* * *

Außer dem königl. Hofgarten befindet sich noch ein königlicher Hofkirchengarten zu Nymphenburg, der schon im Jahre 1723 angelegt wurde und worin zum Gebrauch des königlichen Hofes nicht nur das erforderliche Gemüse, sondern auch die köstlichsten Früchte zur ungewöhnlichen Zeit getrieben werden. Für Liebhaber der Gartenkultur möge es nicht uninteressant sein, zu erfahren, dass in Bezug auf Treiberei in der Regel nachfolgende Leistungen sowohl aus hiesigem, als auch vorzüglich aus dem königl. Hofküchengarten zu München geschehen; nämlich außer den gewöhnlichen Gemüsen, welche die Jahreszeit in allen wohl kultivierten Gärten hervorbringt, wird der königl. Hof noch zur ungewöhnlichen Zeit mit nachstehenden, frisch gezogenen Artikeln bedient.

Als in den Monaten

November: mit jungen Bohnen, Blumenkohl, Würschig, Kohlrüben, Salate verschiedener Art, Rettige, frische Suppenkräuter und Erdbeeren.

Dezember: wie im *November*; nebstbei, vom S. d. M. anfangend, mit jungem Spargel.

Januar und *Februar*: wie im *Dezember*.

März: wie im *Februar*; nebstbei auch noch Gurken, Broccoli, weiße Rüben, Himbeeren, Kirschen, Mirabellen, Pflaumen und Ananasse.

April: wie *März*; nebstbei noch mit Pflückerbsen, Meerkohl, Trauben und Melonen.

Mai: wie *April*; nebstbei noch Zwetschgen.

Juni: wie *Mai*.

Im *July* folgen noch getriebene Pfirsiche.

Von jungen Bohnen und frischen Erdbeeren, oftmals auch von Ananassen, werden in jedem Monate des Jahres, nach Ergebnis der Witterung mehr oder weniger, nach Hof abgeliefert.

Wer das hiesige Klima und dessen natürlichen, zu Extremen, sowohl in Kälte als Wärme, geneigten Charakter kennt, wer weiß, dass im Winter eine Kälte von 18 bis 20 Gr. Reaumur etwas Gewöhnliches, eine von 25 bis 28 Graden aber nicht gar selten ist, während der Sommer gleiche Extreme in Hitze von fast 25 bis 26 Gr. R. darbietet, mag die Schwierigkeiten und den Kosten-Aufwand solcher Leistungen zu beurteilen wissen.

Nymphenburg besitzt ferner eine königliche Baumschule, wo selbst auf königlichen Befehl nicht allein eine große Anzahl Maulbeerbäume zum Behufe den Emporbringung der inländischen Seidenzucht; sondern auch die meisten Varietäten edler Obstgartungen gezogen werden.

Die jungen Bäume sind teils zum Gebrauche der königlichen Hofgärten selbst, teils aber auch zum öffentlichen Verkauf bestimmt.

Diese drei königlichen Hofgärten, von denen jedem einzelnen ein Hofgärtner vorgesetzt ist, stehen, so wie die drei königlichen Hofgärten zu München, dann die zu Schleißheim, Dachau, Fürstenried, Berg am Würmsee, und zu Freising, unter der Respicienz der königlichen Hofgarten-Intendanz zu München.

Der Ort Nymphenburg und dessen nächste Umgebung

Der wichtigste Gegenstand, den der Ort zu Nymphenburg selbst, dem Interesse des ihn besuchenden Fremden darbieten ist die

Königliche Porzellan-Manufaktur[21)]

Diese Anstalt liefert die schwierigsten Formen, welche nur immer in Porzellanmasse auszuführen sind: Service-Gegenstände in allen Sorten, Vasen bis zu 4 Schuh Höhe in einem Stück, Gemälde-Platten von seltener Feinheit und Fläche mit 24 Zoll (0,61 Meter) im Quadrate, Büsten und Figuren in Bisquit-Massen, Urnen und Statuen in *Terra Cotta*, Mosaiksteinchen zu antiken Fußböden und aus den Abfällen der Fabrikation verschiedene Gegenstände in gebrannter Erde für die Architektur, und vorzüglich feuerfestes Baumaterial für die Bedürfnisse der Schmelzwerke, wie überhaupt für alle Industriezweige, welche es mit einem hohen Feuergrade zu tun haben. Der Kunstfreund trifft in dieser königl. Musteranstalt nicht allein schöne, besonders antike Formen, welche einen dauernden Kunstwert haben, und sofort dem Wechsel der Mode nicht unterworfen sind; sondern es findet auch der Techniker manches für ihn Interessantes daselbst. Die Massamühle ist mit Rad und Getriebe aus Gusseisen nach amerikanischer Erfindung konstruiert, die Massaabdampfung geschieht mittelst Kanalfeuerung in kupfernen Kesseln; die Tonschneidemaschine, aus Gusseisen und durch Wasserkraft bewegt, macht die erschöpfende Arbeit des Abtretens mit den Füßen überflüßig. Die englische Drehscheibe liefert ovale Gefäße nach allen Ausmessungen; der Porzellanofen gibt den größten Hitzegrad, welcher im Großen erreicht werden kann, indem man nach Wedgwoods Pyrometer 165 Grad erreicht, während ein gewöhnlicher Kalk- oder Töpferofen nur 15° hat.

Die Nymphenburger-Masse behauptet noch immer den alt hergebrachten Ruf der Güte des echten deutschen Porzellans, indem es einen völlig steinartig gesinterten Scherben mit großer Durchscheinenheit hat, ohne sich der durchsichtigen und glasähnlichen Masse des französischen Porzellans zu nähern. Daher rührt seine Fähigkeit, in hohem Grade den Wechsel der Temperatur zu ertragen und seine größere spezifische Schwere, wodurch es bei viel dünnerer Bearbeitung dennoch schwerer ist, als die schwammige französische Masse; bei dickerer Bearbeitung. Man bezieht die so vortreffliche Porzellanerde, welche in besserer Qualität wohl nirgends angetroffen wird, aus dem Landgerichte Wegscheid im Unterdonaukreise, Feldspat von Bodenmais, Gips von Kochel und Lenggries, Quarzsand und Kapselerde von Abensberg und Hemau.

Hier in Nymphenburg wird nur weißes Porzellan verfertigt, welches zum Verkauf an die Hauptniederlage nach München abgegeben wird. Wer den Reichtum an schönen Formen und die Kunstleistungen der Porzellan- und Glasmalerei besehen will, der möge sich in die Abteilung der in München etablierten Kunstanstalt per Porzellan-Manufaktur verfügen.

Bei der Fabrikation des weißen Porzellans in Nymphenburg werden gegenwärtig betrieben: 2 Pochwerke, 4 Wassermühlen, 1 Thonknettmaschine, 1 Erde- und Massaschlemme, 1 Massaabdampfung, 1 Lufttrockenanstalt, 3 Brennöfen, dann Kapsel- und Porzellan-Dreherei, wobei die Freidreherei, die Schablondreherei und die Ovaldreherei in Übung sind. Die Modeleure und Poussiere sind mit plastischen Kunstwerken und mit der Herstellung neuer Formen beschäftigt.

Da der Fabrikbetrieb nicht so fast eine großartige Erweiterung, als vielmehr die Herstellung schöner Formen und die Einführung neuer Erfindungen und eigener Verbesserungen, als Musteranstalt bezweckt, so sind auch nur 50 Arbeiter beschäftigt. Zu den vorzüglichsten Leistungen, welche aus dieser königl. Manufaktur in neuerer Zeit hervorgegangen sind, oder an welchen noch gegenwärtig fortgearbeitet wird, gehören:

Die Service-Stücke, Vasen und Platten, von des Königs Majestät zu einer großen Sammlung von Porzellangemälden nach Meistern aus allen Schulen bestellt und zur Aufstellung in der königl. Pinakothek bestimmt; eine extragroße Vase von Sr. königl. Hoheit dem Kronprinzen bestellt, mit dem Feldlager der bayerischen Armee, und dem Vernehmen nach zum Geschenke für den türkischen Kaiser bestimmt; ein großes Tafelservice in griechischen Formen und Ornamenten, bestellt von dem Herrn Grafen von Schönborn.

Die Verwaltung und die obere Leitung der Porzellanmanufaktur, geschah bisher teils mittelteils unmittelbar durch Beamte des Bergwesens.

Von 1747 bis 1773 führte die oberste Leitung der Graf von Haimhausen. Der Fabrikverwalter wurde 1760 mit dem Titel eines Münz- und Bergrates ausgezeichnet, als er sich aber standhaft weigerte, seine Arcana dem Bergwerkskollegium auszuantworten, entlassen. Graf von Haimhausen übernahm nun unter Beihilfe des Bergrates von Limprun die spezielle Betriebsleitung, und seit dieser Zeit war der Chef des Bergwesens bis 1820 auch der jedesmalige Direktor der Porzellanfabrik.

Von 1773 bis 1783 war Graf von Haimhausen Fabrikdirektor, die Hofkammerrat von Kreß, Strauß und von Arnold waren mit der Betriebsleitung beauftragt. Die vorgesetzte Stelle war die Münzkommission. Im Jahre 1787 übernahm der Münz- und Bergrat Math. Flurl, bekannt durch seine Beschreibung der Gebirge Bayerns, bis 1808 das Fabrik-Kommissariat; Fabrikinspektor war Dominikus Aulizeck.

Im Dienste als Kommissär folgte von 1808 bis 1810 der Oberbergrat Jakob Schmitz. Von dieser Zeit an bis 1820 stand die Manufaktur unter der oberen Leitung des Vorstands der königl. Generalbergwerks-Administration Freiherrn v. Schwerin. Der Inspektor Melchior, zugleich Obermodell-Meister und der Berginspektions-Kommissar Karl Schmitz, welcher 1823 auf einer technischen Reise in der Themse bei London verunglückte, waren mit der speziellen Betriebsleitung beauftragt. Durch den Tod des letzteren Beamten, der den Grund zum Emporkommen der Manufaktur in neuerer Zeit gelegt hatte, verlor die Manufaktur eine Summe von Erfahrungen; denn er hatte sein tätiges Leben der Manufaktur in wissenschaftlicher und technischer Beziehung gewidmet, und hatte sich durch Bildungsreisen in Deutschland, Frankreich und England für sein Fach vorzüglich herangebildet. Sein wohlwollender Chef v. Wagner hat auf das ferne Grab des Verstorbenen, durch eine, in der königl. Akademie der Wissenschaften gelesene Gedächtnisrede, einige Blumen gestreut.

Im Jahre 1819 schon widmete der damalige Finanzminister Freiherr von Lerchenfeld, unterstützt durch den kunstliebenden Ministerialrat von Stengel, seine vorzügliche Aufmerksamkeit der königl. Porzellanmanufaktur. Der damalige königl. Professor der Kunstakademie, nunmehr königl-. Oberbaurat Friedr. v. Gärtner, war mit dem Entwurf schöner und kunstgerechter Formen beauftragt, während die technische und administrative Leitung der Manufaktur, dem damaligen königl. Oberberg- nunmehrigen Ministerialrat Kleinschrod übertragen war.

Seit dieser Zeit hat man nicht aufgehört, neben den artistischen Fortschritten auch an der technischen Verbesserung des Werkes in Nymphenburg zu arbeiten.

Der königl. Inspektor nunmehr Oberberg- und Salinen-Rat Christoph Schmitz, der den technischen Abteilungen der Porzellanmanufaktur in Nymphenburg und München bis zum Jahr 1837 vorstand, hatte sich durch Studium und Versuche für sein Fach herangebildet, und durch seine besonders in allen Teilen des technischen Betriebes auf Reisen gesammelten Erfahrungen, sich bei dem ganzen Fabrikwesen große Verdienste erworben; besonders da er Sorge trug, dass dasselbe mit den Fortschritten solcher Institute des Auslandes stets gleichen Schritt hielt.

Die Oberleitung der artistischen Branchen ist noch gegenwärtig dem kunsterfahrenen königl. Oberbaurat v. Gärtner übertragen; während das technische Manufakturgeschäft dem erfahrenen Betriebs-Beamten Purtscher anvertraut ist.

Unter den Auspizien eines kunstsinnigen Königs und unter der kenntnisvollen Leitung der vorgesetzten Stelle, der königl. General-Bergwerks- und Salinen-Administration, fährt diese schöne Anstalt fort, auf eine, des Betriebes für Staatsrechnung würdige Weise voranzuschreiten; ja man kann dieselbe in technischer und artistischer Beziehung gewiss zu den Zierden des Vaterlandes zählen. Eine detaillierte Beschreibung des gegenwärtigen Zustandes der Porzellanmanufaktur zu Nymphenburg würde hier nicht an ihrer Stelle sein; diejenigen, welche sich hierin unterrichten wollen, es seien Einheimische oder Fremde, werden die dortigen königl. Beamten mit der bei uns bekannten Zuvorkommenheit stets bereit finden, das ganze Etablissement zu zeigen, und die gewünschten Ausschlüsse zu erteilen.[22)]

Außerdem befindet sich in Nymphenburg eine Hofcuratie, eine Schloß- und Bauverwaltung, dann das Kommando einer aus Veteranen bestehenden Stationskompagnie, eine Knaben- und eine Mädchenschule, ein weibliches Erziehungsinstitut der englischen Fräulein, ein praktischer Arzt, eine Apotheke usw.

Auch ist abwechselnd eine Eskadron des I. Kürassier-Regiments, welches in München liegt, hierher delegiert.

Nymphenburg zählt über 1400 Einwohner, wovon mit Ausnahme der wenigen Gewerbsleute, der größte Teil sich von dem Verdienste, den ihm das königl. Schloss, der Hofgarten und die Porzellanmanufaktur darbietet, ernährt.

Gasthäuser

Hiervon bestehen daselbst vier, als: der Bräuer, der Kontrolleur, der Hausmeister und die Schwaige, benannt.

Hartmannshof

Ganz in der Nähe des königl. Hofgartens gegen Norden gelegen, befindet sich eine schon seit mehr als 100 Jahren bestehende Fasanerie unter obigem Namen. Es werden daselbst jährlich mehr als 6 bis 700 Stück Fasanen angezogen. Im Winter pflegt der König 3 oder 4 Jagden daselbst zu halten.

Außer diesem wird Hartmannshof von den Münchnern als Belustigungsort angesehen und im Sommer häufig besucht. Der königl. Fasanenmeister übt daselbst die Gastwirtschaft aus.

Der Hirschgarten

Eine Viertelstunde von Nymphenburg südlich, und zwar für den Besucher dieses, auf seinem Rückweg nach München gelegen, befindet sich ein Wildpark, welcher in den 1780ger Jahren auf Befehl des Kurfürsten Carl Theodor durch den damaligen Oberstjägermeister Freih. v. Waldkirch angelegt und mit einer bedeutenden Zahl Hochwild besetzt wurde. Es befand sich anfangs nur ein kleines Jägerhaus daselbst, später aber um das Jahr 1790 wurde auch ein niedliches, für den Gebrauch des Kurfürsten, bestimmtes Jagdschlösschen erbaut und dieses mit einer Allee von italienischen Pappeln mit den Schlossgebäuden zu Nymphenburg verbunden.

Auch erhielt der basige Oberjäger daselbst seine Wohnung und die ihm zum Betrieb seiner Wirtschaft und Ökonomie benötigten Gebäude.

Die für den Gebrauch der höchsten Herrschaften reservierten, sehr elegant dekorierten Kabinett enthalten: und zwar das erste 8 von J. M. Mettenleitner in schwarzem Tusche ausgeführte in goldenen Rahmen befindliche Jagdstückchen, durch Dianen und ihre Nymphen mythologisch dargestellt; dann 2 sehr schöne Medaillon aus Stein, in halb erhabener Arbeit. Das zweite enthält ebenfalls 2 Jagdstücke, woraus die Figuren in altdeutschen Kostümen erscheinen, von gleicher Arbeit und dem nämlichen Meister; dann 6 andere, Szenen einer Parforcejagd darstellend, von Warenberger ebenfalls in Tusch gearbeitet; endlich 2 andere ganz kleine runde Jagdstückchen gleicher Arbeit von Ebendemselben.

Die übrigen Gemächer sind dem Publikum geöffnet. Der große Saat daselbst ist mir 30 großen Hirschgeweihen dekoriert, unter welchen eines von 24 Enden, das ein Hirsch getragen, den Kaiser Carl Albert VII. in der Hirschau bei München geschossen, als das merkwürdigste erscheinen dürfte. Auch die Hörner eines Steinbockes, der ehemals lebend im Hirschgarten sich befand, zieren die nördliche Wand. Die anderen Nebenzimmer enthalten merkwürdige Abnormitäten von Rehgewichten, deren 3 auf lebensgroßen Masken von Satyrköpfen aus Elfenbein ruhen.

Die schönen radierten Blätter von dem berühmten Tiermaler Georg Winter zieren das erste Gastzimmer. Auch die Fronte der Aussenseiten des Gebäudes sind mit Hirschgeweihen seltener Größe dekoriert.

Der Park selbst enthält einen Flächenraum von 131 Tagwerken, und dient zum Aufenthalt von ungefähr 100 Stück Edel- und Dammwild. In der Mitte des Parkes erhebt sich eine steinerne Pyramide, woraus mittels 12 Hirschgeweihen das Alter der Hirsche dargestellt ist. Am Fuß dieser Pyramide sprudelt eine muntere Quelle, die ein kleines Wasserbecken bildet und zum Tränken des Wildes bestimmt ist.

Ferners befinden sich noch ein kleines Jägerhäuschen und die erforderlichen Futterstädel daselbst.

Am südlichen Ende des Parkes ist ein kleines Sommerhäuschen, das Hirschbergel benannt, von wo aus man bei heiterer Luft eine Aussicht in das Hochgebirge genießt.

Der Hirschgarten wird von den Bewohnern Münchens aus allen Ständen und zu allen Jahreszeiten sehr häufig besucht, besonders aber im Winter, wenn eine gute Bahn die Schlittenfahrt begünstigt. Man ergötzt sich an dem Anblick des um diese Jahreszeit in der Nähe des Jägerhauses gefüttert werdenden und daher näher versammelten Wildes, und erholt sich in der von dem königl.

Oberjäger daselbst vortrefflich ausgeübten Gastwirtschaft. Fremde, welche den Garten zu Nymphenburg besuchen, verfehlen selten ihren Rückweg nach München über den Hirschgarten zu nehmen, den dieselben, besonders wenn sie Jagdfreunde sind[23)], stets sehr befriedigt verlassen.

Wie schon oben bemerkt, führt der Weg durch diesen Park wieder zurück nach München, und zwar durch die von einer Pappelallee beschatteten, nach Augsburg und Landsberg führenden Straße. Der Fremde sieht, noch ehe er die Hauptstadt erreicht hat, zu seiner Linken den Militär-Exerzierplatz, das Marsfeld genannt; zur Rechten in einer kleinen Entfernung das Dörfchen Sendling, berühmt durch die im Jahre 1705 in der Christnacht daselbst vorgefallene Schlacht, zwischen den damals Bayern und die Hauptstadt besetzt haltenden österreichischen Kriegsschaaren, und den 5000 Landleuten aus den oberländischen Gauen Bayerns, welche letztere größtenteils hier den Heldentod für die Sache ihres Fürsten starben. Dieses Ereignis ist durch ein schönes Freskogemälde an der Kirche zu Sendling im Jahre 1831 durch den Historienmaler Wilhelm Lindenschmit, dargestellt und auf diese Art, dem Andenken ihrer tapferen Nachkommen erhalten worden.

In den Burgfrieden wieder eingetreten, zieht das große, natürliche Amphitheater, die Theresienwiese, worauf jährlich Bayerns Nationalfest, das Oktoberfest genannt, gefeiert wird, die Aufmerksamkeit des Fremden auf sich, bis er endlich heiter und zufrieden mit seinem heutigen, an Natur- und Kunstgenüssen so reichen Ausflüge, in den an letzteren noch weit reicheren Schoss der Hauptstadt wieder zurückkehrt.

Anmerkungen

1) Wahrscheinlich ist mit diesem Kirchlein auch eine viel besuchte Wallfahrt verbunden gewesen, da schon in den alten Garten-Rechnungen vom Jahre 1673 Ausgaben für Aufstellung von Taglöhnern zur Bewachung des Gartens wegen dem Andrang der vielen zum Magdalena-Feste herbei strömenden Menschen aufgeführt erscheinen. Aus diesem Umstand ergibt sich nunmehr auch, die Gewohnheit der Bewohner Münchens in der Oktave-Woche des Magdalena-Festtages, der auf den 22. July jeden Jahres fällt, die Magdalena-Kapelle im Hofgarten zu Nymphenburg zu besuchen.

Bei solcher Gelegenheit, besonders wenn die Witterung günstig ist, strömt eine ungewöhnliche Menschenmenge, vorzüglich aus den mittleren Stauden, zu Wagen und zu Fuß dahin; ihre Anzahl dürfte unbedenklich auf 20.000 angenommen werden, und füllt den großen Vorplatz vor dem Schloss, wo selbst ein kleiner Jahrmarkt gehalten wird, und alle Partien des Hofgartens mit dem bunten Gemische eines rührigen und muntern Volkes.

Das Ziel eines jeden aber ist, der Besuch der im Hofgarten daselbst befindlichen St. Magdalenas-Kapelle oder der Klause, wie sie auch genannt wird, welche aber, klein wie sie ist, an solchen Tagen stets mit Menschen so überfällt erscheint, dass jeder schon sich befriedigt findet, wenn es ihm vergönnt ist, nur einige Augenblick darin zu verweilen, um sodann für die ausgestandene Hitze und Ermüdung, in den nahen Gasthäusern einige Erquickung zu finden.

Am Abend kehrt alles vergnügt zur Stadt zurück, obschon die Heimkehr selten ohne die Taufe eines Gewitterregens vorübergeht, welcher Umstand übrigens die gute Laune des Volkes nicht verdirbt, da man auf denselben, seines öfteren Eintreffens wegen, schon im Voraus gefasst ist, und er daher als Schlussstein des Festes betrachtet wird.

Die heilige Magdalena muss, wie das Volk sagt, an diesem Tage weinen. Man ist schon zufrieden, wenn die Heilige ihre Tränen bis zum Abend ausspart.

2) Dieser Umstand gab zu einem scherzhaften lateinischen Gedicht Veranlassung, worin die Nymphen als die Beschützerinnen Nymphenburgs angerufen wurden, durch gewisse natürliche Mittel ihren Kaskaden, Fontänen und Kanälen das denselben mangelnde Wasser zu verschaffen.

3) Eine Ansicht dieses Hauptschmucks des alten Gartens, so wie auch einiger anderen Partien desselben befinden sich in der Gallerie des nördlichen Schloßflügels, in Öl gemalt von Beich, von denen später die Rede sein wird.

4) Hofkalender vom Jahre 1729.

5) Die damals in französischer Sprache unter dem Titel: Rejouissances et fètes magnifiques, qui se sont passées en Bavière l'an 1722 etc. etc. par Pierre de Bretagne Augustin, erschienene Beschreibung, der bei dieser Gelegenheit von dem Hof gegebenen Feste sagt in Bezug der am 28. Oktober zu Nymphenburg gehaltenen großen Illumination zu deutsch ungefähr folgendes:

»Da sich der Hof sehr spät nach Nymphenburg begab, hatte man hinlänglich Zeit die Beleuchtung, welche eine Länge von 3000 Klastern maß, instand zu setzen. Der erste große Kanal nach München zu, war mit schwimmenden, mit Lampen besetzten Stückchen Holz in der Form von Rauten bedeckt, wie sie im Wappen von Bayern vorkommen. Um dieses letztere noch mehr zu vervollständigen, waren auf der Kaskade zwei große Löwen mit der kurfürstlichen Krone angebracht, welche im Feuer strahlten. Die Ufer des Kanals, so wie die zwei Alleen waren mit Guirlanden, welche von einem Baum zum andern reichten, beleuchtet. Längs dieses Kanals kam der Hof in sechsspännigen Karossen angefahren, die sich in zwei Linien in die beiden Alleen verteilten, und auf diese Art eine Art Corso bildeten. Die Beleuchtung des großen Vorplatzes vor dem Schloss folgte der Zeichnung der geteilten Rasenquartiere.

Die Fassade des Schlosses, dann die vordere Stiege waren mit so vielen Lichtern erleuchtet, dass letztere einem feurigen Wasserspiegel (nape d'eau) glichen.

Die Beleuchtung der Paterre (im Garten) drückte die Zeichnung seiner Schnörkel (broderies) und die Formen des geschnittenen Rasen aus, und war so künstlich ausgeführt, dass man ein Parterre von Feuer zu sehen glaubte.

Dass große Bassin, wo so viele Statuen sind, war mit unzähligen Lampen in Girandolen- und Guirlanden-Form erleuchtet, dass man diese schönen Arbeiten wie am Tag unterscheiden konnte.

Mitten durch diese Illumination gewährte der große Wasserfall mit seinen Nebenfällen einen bewundernswerten Effekt. Die Fassade des Schlosses gegen das Parterre zu, die große Stieg, die Kastanienbäume und Figuren auf beiden Seiten des Gartens erschienen in solchem Glanz, als wären sie von der Sonne erleuchtet.

Der Kanal, welcher zur großen Kaskade und zur oberen Linden-Allee führt, war ebenfalls mit Beleuchtung überladen. Man hatte daselbst einen Triumphbogen mit 3 Wölbungen errichtet, über welchen die Pilaster ein großes schönes Gesimse trugen, auf dem eine Attica ruhte. Alles war mit Lampen bedeckt. Die Wasserspiegel der Kaskade, die Springbrunnen und Wasserglocken (Boullion d'eaux) erhielten durch die vielen Lichter einen solchen wunderbaren Glanz, dass sie den schönsten Anblick gewährten, den man sich nur denken kann. Die Wagen setzten ihren Weg über das Parterre fort, und sobald dieselben am Anfang des Kanals angekommen waren, ließ sich eine schöne und angenehme Symphonie, durch viele Singstimmen und Instrumente ausgeführt, hören. Man hatte auf dem Wasser einen Parnass errichtet, welcher durch verborgene Schiffer in der Mitte des Kanals bis zur Kaskabe fortbewegt wurde, und so der Bewegung der Wagen folgte. An der Kaskade kreuzten sich die beiden Wagenreihen und die Herrschaften hatten das Vergnügen, sich hier im Vorbeifahren zu begrüßen, da sie sich gegenseitig vollkommen erkennen konnten; so groß war der Glanz der Beleuchtung. Hierauf kehrte man in der nämlichen Ordnung zum großen Saal zurück, wo selbst offene Tafel mit Musik, dann Ball gehalten wurde, der fast die ganze Nacht dauerte.

Man kann sich den Zulauf von Menschen aus allen Ständen denken, welche sich an dem schönen Schauspiel ergötzten. Da das Schloss so nahe bei München ist, und die Nacht sehr schön war; so fand sich beinahe die ganze Stadt dabei ein.«

6) Dabei waren nachfolgende Preise festgesetzt:
Für das Beste. Eine goldene Medaille von 25 Dukaten.
Das 2te. Ein Fass Rheinwein, 4 Ohm haltend.
Das 3te. Ein fetter Ochs.

Das 4te. Sechs Ellen rotes Tuch mit Schild.

Das 5te. Ein Stier.

Das 6te. Drei Ellen rotes Tuch mit Schild.

Das 7te. Ein Hirsch.

Das 8te. Ein Wildschwein. Und für

Das 9te. Ein schönes Kalb.

Eine Abbildung dieses Pferderennens sieht man in einem Gang des südlichen Schlossflügels ausgehängt; dabei noch eine andere der großen Maskerade, welche 1765 bei der Vermählung der Prinzessin Maria Josepha in der großen Reitschule zu München statt gefunden hatte.

7) Unter Kurfürst Maximilian Joseph III. und um das Jahr 1750 bestand die französische Jagd zu Neuhausen noch aus folgenden Personen:

1 Kommandanten,
1 Vizekommandant,
3 berittenen Piquieren,
1 unberittenen,
2 berittenen Besuchsknechten,
10 Jägern und Hundsjungen,
9 Pferdeknechten,
1 Schmied;
dann aus:
29 Pferden,
100 Hirschhunden,
40 Wildprethunden,
20 Leithunden.

Die Taglivree für die Parforce-Jagd war hellblau mit Silbertressen, gelben Westen und Beinkleidern, hohen Reitstiefeln und dreikantigen mit Silberborten besetzten Hüten.

An der nördlichen Seite dieses Jägerhauses bemerkt man ein altes, schon ziemlich verwittertes Wandgemälde mit der Vorstellung der Parforce-Jagd, deren Kostüm hieraus ersehen werden kann; die darunter angebrachte Inschrift lautet: "Repräsentation der jetzigen auf den Rendes-vous stehenden kurfürstlichen Parforce-Jagd im Parque zu Neuhausen."

8) Die beiden Gemälde 6 und 8 wurden in Folge der großen Feste angefertigt, welche der Kurfürst Maximilian Emanuel im J. 1722 bei Gelegenheit der Vermählung des Kurprinzen Carl Alberts mit der österreichischen Prinzessin Maria Amalia auf dem Würmsee bei Stahrenberg gegeben hatte. Die damals von dem Augustiner-Mönch Pierre de Bretagne herausgegebene, bereits schon oben erwähnte Schrift sagt hierüber zu deutsch ungefähr Folgendes:

»Den 26. Oktober 1722 wurde eine der schönsten und seltensten Jagen in Europa abgehalten, und außer Bayern gibt es wohl keinen Fürsten, welcher eine solche Jagd bewerkstelligen könnte, und welche noch durch die geringe Mühe, mit der diese Seltenheit geschaffen wird, nur ein um so größeres Vergnügen gewährt.

Das Schloss Stahrenberg ist 5 Stunden von München, auf einem Berg erbaut; obgleich alt, ist es doch sehr bequem eingerichtet und mit reichen Möbeln versehen. Am Fuße dieses Berges ist ein See von beinahe 2 Stunden Breite und 6 – 7 Stunden Länge, von einer außerordentlichen Tiefe; derselbe ist durch unterirdische Quellen gebildet, so reichlich mit Wasser versehen, dass er bei seiner Ausmündung einen ziemlichen Fluss, Namens Würm, bildet. Außer den vorhandenen Fischer-Kähnen sieht man auch viele Schiffe, welche vereinigt, einer völligen Flotte oder Kriegsgeschwader gleichen. Es gibt Galeeren, Fregaken, Galonen, Tartanen und viele Gondeln mit Matrosen bemannt, welche in verschiedenen Farben nach den Schiffen, die sie führen, gekleidet sind. Aber was das größte Aufsehen auf dem See macht, ist der Bucentauro in der nämlichen Größe und nach dem gleichen Modelle, wie jener zu Venedig erbaut.

Der Kurfürst Maximilian Emanuel hatte eigene Arbeiter nach Venedig gesendet, um die Maße in allen Teilen nach denselben zu nehmen, damit sie dann ein ähnliches Schiff auf dem Stahrenberger-See erbauen könnten, welches denn auch vortrefflich ausgeführt wurde.

Es ist ein Schiff von außerordentlicher Größe, und hat außer dem Ballast, womit es wegen des Gleichgewichtes beladen ist, in dem Schiffsraum bei 500 Matrosen, um das Schiff bei ungünstigem oder so schwachen Wind, dass man sich der Segel nicht bedienen kann, zu führen.

Man hat von Distanz zu Distanz über dem Wasserspiegel Öffnungen für die Kanonen angebracht, die daselbst auf Lavetten stehen, gerade über dem dort befindlichen Pulver-Magazin, welches aber so gut angebracht ist, dass kein Unglück sich ereignen kann.

Das erste Verdeck dieses Schiffes ist flach und in drei Teile geteilt, es bildet gegen den Stern zu einen großen Saal und zwei schöne Kabinette gegen das Vorderteil. Den großen Mast, welcher in dem Kiel befestigt ist und durch die Mitte des Saales geht (um sich von außen über die Oberfläche des Schiffes zu erheben) unterstützt ein Neptun, auf einer großen Meeresmuschel und einem sehr schönen Sockel ruhend. Eine Pumpe bewirkt zwei Wassersprünge, welche in die Muschel zurückfallen, und hier ist es, wo der Kurfürst sich das Vergnügen macht, alle, welche zum ersten Mal dieses Schiff betreten, zu taufen. Dieser Saal und die zwei Kabinette sind sehr schön mit karmesinrotem Samt und goldenen Franzen dekoriert, mit Möbeln versehen und umgeben von Fensteröffnungen, zwischen denen vergolden Säulen stehen, die das zweite Verdeck unterstützen. Diese Fenster öffnen und schließen sich nach Art der Kutschentürchen in der Dicke der Schiffswand. Der Plafond ist mit Gegenständen, die auf das Meer Bezug haben, bemalt, als: Delfinen, Tritonen Sirenen usw. in einer Art Mosaik verteilt, bilden dieselben eine Zeichnung von bewunderungswürdiger Harmonie. Das zweite Verdeck ist etwas gewölbt, mit einer Balustrade umgeben, und mit Trauflöchern zum Ablauf des Wassers versehen. Der Hauptmast ist sehr hoch und trägt die weiß und blaue Flagge. Die an diesen Mast befestigte Segelstange ist 50 Schuh lang, und dient, die Segel auf- oder bei widrigem Winde einzuziehen. Auf diesem zweiten Verdecke, wo auch der Pilote, welcher das Steuerruder regiert, sich befindet, ist der Platz für 24 Trompeter mit ihren Pauken, welche, in zwei Chöre geteilt, sich wechselweise antworten, wenn die fürstlichen Personen sich auf dem Bucentauro befinden. Das Hintercastell, oder der Stern, ist mit zwei Löwen, welche das bayerische Wappen halten, verziert, und wie das Steuerruder schwer vergoldet. Das Borderteil ist mit vergoldeten Bildhauereien verziert und die äußeren Schiffswände mit Meergegenständen bemalt. Es befindet sich auch noch eine äußere Galerie auf beiden Seiten des Schiffes für die Bedienten, welche auf diese Art sich in der Nähe der Herrschaften befinden, die sie bedienen sollen, und doch nicht nötig haben, durch die Kabinette oder den großen Saal zu gehen.

Außer diesen Schiffen gibt es noch 4 große, flachgedeckte, 2 für die Küche, 1 für den Keller und 1 für die fürstlichen Mundschenken und die Officianten. Auf diese Art speist man oft zu Wasser, mit der nämlichen Bequemlichkeit, wir zu Land; manchmal landet man, und macht sich das Vergnügen, unter den schattigen und kühlen Bäumen zu speisen.

Auf die Flotte, welche auf der Rhede lag, begaben sich um 2 Uhr der Kurfürst von Köln, die Prinzessinnen, Hofdamen usw. mit ihren Bedienten. Die höchsten Herrschaften bestiegen den Bucentauro, und die übrigen, je nach ihrem Rang, die kleineren Schiffe. Bei der Abfahrt gab der Bucentauro eine Decharge mit allen Kanonen, welche die Kanonen des Schlosses erwiderten. Der Wald, welcher sich bis zu dem See von Stahrenberg erstreckt, ist ein Wildpark von 20 Stunden im Umkreis. Man hat in demselben eine Öffnung so eingerichtet, dass, wenn es der Kurfürst wünscht, der Hirsch gezwungen wird, hindurch zu laufen und sich ins Wasser zu stürzen. Die Fürsten und ihre Jäger, durch Kanonenschüsse von der Ankunft der Prinzessinnen auf den Schiff benachrichtigt, jagten den Hirsch auf, und zwangen ihn durch den Schall des Waldhorns aus seinem Hinterhalt hervor zu brechen. Dieser Hirsch, einer der stärksten und wildesten, behielt lange Zeit das Terrain; durch die Tätigkeit der Jäger und der Hunde aber, welche letztere nie wechselten, sondern immer den aufgejagten Hirsch beibehielten, obschon dieselben in diesem Wald vielen anderen begegneten, die es hier im Übermass gibt, wurde er am Ende dennoch gezwungen, durch die Öffnung zu gehen; allein wohl zwanzigmal kam er an das Ufer, und ging jedes Mal, durch den Anblick der Schiffe geschreckt, welche in 3 Linien, der Bucentauro allein voran, ausgestellt waren, wieder zurück.

Endlich durch die Hunde gedrängt, welche durch die immer blasenden Jäger unterstützt waren, sprang er ins Wasser, und die Hunde setzten ihm schwimmend nach und umringten ihn. Sogleich tauchte er unter und verlor sich aus dem Gesicht, aber bald erschien er wieder auf dem Wasser, und wurde aufs Neue von den Hunden verfolgt. Jemehr er sich verteidigte, um so mehr wurde er angegriffen; dieser Kampf dauerte beinahe eine Stunde, und gewährte unendliches Vergnügen. Die Trompeten bliesen während dieser Zeit abwechslungsweise. Der Hirsch kämpfte endlich seinen Todeskampf und die Jäger bliesen seinen Tod; vier Gondoliere bemächtigten sich hieraus des Hirsches am Geweih und brachten ihn an Bord, wo er sogleich verendete. Ein Jäger schnitt ihm den Lauf ab und brachte ihn der Kurfürstin, und diese erlauchte Gesellschaft hatte das Vergnügen, bei dem Schalle der Hörner das Jagdrecht der Hunde zu sehen. Die Fürsten und Edelleute welche den Hirsch jagten, wechselten in dem nahen Lustschloss Berg die Kleider, und kehrten auf den Bucentauro zurück. Die Kurfürstin ließ sich hierauf vom Kurfürsten zur Bayerin taufen; er bespritzte sie mit einigen Tropfen Wasser, so wie auch die Schlüsseldamen und Edelleute von ihrem, und des Kurfürsten von Köln Gefolge. Es waren auch einige von geringerem Stand, welche sich dieser Zeremonie unterwerfen wollten; allein die Matrosen-Schüssel, deren sich der Kurfürst bediente, war ein wenig zu voll, und die Ergießung des Wassers auf den Kopf so reich und verschwenderisch, dass die Durchnässten der erlauchten Gesellschaft viel zu lachen machten. Um zu vermeiden, dass sich nicht irgendeiner dieser Zeremonie entziehen möchte, etwa vorschützend, seine Probe schon abgelegt zu haben, war der Plafond eines Kabinett mit Meer-Gegenständen bemalt, welches man jedem Getauften zeigte, und dessen Angabe gleichsam als Beweis hiervon diente.

Es ist dieses nämlich ein mit einem Meerkrebse spielender Tritton, der von Ersteren so sehr von hinten gekneipt wird, dass er ein entsetzliches Geschrei auszustoßen scheint. Jeder musste sich nun dieses Gemäldes erinnern, sonst war er einer zweiten Begießung ausgesetzt, welche viel stärker war, als die erste.

Da die Nacht zur Abbrennung des Feuerwerkes noch nicht hereingebrochen war, so hielt man auf dem Bucentauro große Spielpartie. Die Kurfürstin gab Beweise ihrer Freigiebigkeit. Man bemerkte sehr leicht ihre Gleichgültigkeit beim Verlust wie beim Gewinn, und dass sie bloß zum Vergnügen spielte, und edel zu gewinnen, wie edel zu verlieren wusste. Während dieses Spieles rückte die Flotte unbemerkbar auf der Seite von Stahrenberg vor, wo das Feuerwerk aufgerichtet war. Man sah den Liebesgott auf einem Felsen an einen Baum gelehnt, in der Hand eine brennende Fackel haltend. Die 4 Buchstaben C. A. M. A. waren an dem Felsen befestigt, welche während des ganzen Feuerwerks brennend blieben. Fünf Flüsse Bayerns, als: die Salzach, der Inn, die Isar, der Lech und die Donau saßen mit ihren Urnen aus großen Seemuscheln, mehrere Trittonen mit ihren Meer-Trompeten und viele Delphinen bildeten die Basis dieses feurigen Felsens.

Während man in der Luft eine Unzahl Raketen, Sterne, Feuerregen, Feuergarben, welche aus den Muscheln der Trittonen hervorsprangen, sah, schütteten die Delphinen aus ihren Nasenlöchern und die Flussgötter aus ihren Urnen eine ungeheure Menge Schwärmer, welche in den See untertauchend, unter den Schiffen durchschwammen und wieder auf das Wasser zurückkehrten, wo sie noch verschiedene Feuer produzierten. Dieses machte einen Effekt, als ob die Flotte in der Mitte eines Feuermeeres sich befände.

Die Kanonen und Mörser, welche ohne Unterlass donnerten, machten den ganzen See wiederholten, und schufen mehrere Echo in den, den See umgebenden Wäldern. Nie wurde eine Seeschlacht besser dargestellt. Die Brigade der Kanoniere wurde allgemein beklatscht. Die Flotte setzte die Segel bei, um die Rhede von Berg zu gewinnen, wo ein großes Nachtessen bereitet war, nach welchem der Hof sich zurückzog, der Kurfürst blieb in Berg, und die Prinzen und Prinzessinnen kehrten auf dem Bucentauro nach dem Schloss Stahrenberg zurück.

Das Vergnügen, welches der Hof auf dem See gehabt hatte, war so herrlich, dass man es bereitwillig wieder von neuem anfangen wollte. Am anderen Morgen waren alle Schiffe wieder bereit, und die Prinzen usw. usw. begaben sich sogleich darauf; das Wasser war ruhig, es herrschteWindstille; mittelst der Ruder machte man auf der Spiegelfläche des Sees eine Spazierfahrt durch das schönste Wasser der Welt, eben wie ein Spiegel, dessen Klarheit den schneeweißen Sand, über den es hinlief, sehen ließ, ohne Schlamm, Kräuter oder Morast. Das Wetter war so schön, dass sich jeder beeilte, an den Vergnügungen Teil zu nehmen, welche diese Wasserfahrt darbot. Einige bestiegen kleine Gondeln und belustigten sich mit Fischen, andere schossen Seeschwalden oder Wildenten, welche in solcher Menge vorhanden sind, so dass der Kurfürst an einem Morgen 580 und ein andermal 300 Stücke schoss. Andere stiegen in kleine Kähne, und schaukelten so zu sagen, um den Bucentauro, um seine Schönheit zu bewundern. Nach diesen Unterhaltungen kehrte endlich der Hof nach Berg zurück, wo offene Tafel gehalten wurde.

Berg ist ein Schloss, aus der schräg gegenüberliegenden Seite von Stahrenberg. Es besteht aus einem großen mit laufendem Wasser umgebenen Hauptgebäude, das in 5 oder 6 sehr schöne und bequeme Gemächer eingeteilt ist. Der große Speisesaal enthält ein sehr schönes Tafelwerk, wo auf den Fensterpfeilern die 12 Monate des Jahres von dem geschickten und berühmten Maler Sandrart gemalt sind.

Das Parterre besteht aus zwei Stücken Broderien, Wasserwerken mit Rasen umgeben und großen übereinander stehenden mit Linden bepflanzten Terrassen, von wo aus man den ganzen See überblickt, welcher besonders bei starkem Wind, eine Idee von dem Meer gibt; denn erscheint seine Wellen bis in die Wolken zu erheben, und bildet Berge und Abgründe von Wasser. Die Stürme kommen manchmal so schnell und so schrecklich, dass öfter Schiffbrüche vorkommen würden, wenn die Schiffer nicht so geschickt zu manövrieren würden, als dieses wirklich der Fall ist."

9) Maria von Ward, eine englische Dame, welche aus religiösem Eifer ihr Leben der Erziehung der weiblichen Jugend gewidmet, und bereits in St. Omer in Frankreich ein weibliches Erziehungs-Institut errichtet hatte, kam im Jahre 1626 nach München, und erfreute sich der ehrenvollsten Aufnahme bei dem Kurfürsten Max I. und seiner Gemahlin Elisabeth, welche letztere sich bei deren Empfang folgender Äußerung bediente: »Schon lange habe sie ein Verlangen gehabt, und gewartet auf das, was ihr Gott jetzt geschickt, und dieses solle ihr nicht so leicht mehr entweichen. Auf ihre Veranlassung wurde auch bald ein Institut dieser Art zu München errichtet, und vom Kurfürsten der Maria Ward als Vorsteherin übergeben; sowie von dieser auch mit ihren Gehilfinnen bald die öffentlichen Schulen übernommen wurden.«

Maximilian Emanuel aber war es, der später die kirchliche Bestätigung der Regeln bei dem Oberhaupte der Kirche Papst Benedikt XIV. betrieb und erwirkte. Ihm veranstaltete damals das englische Institut zu München, als den Befestiger desselben, eigene Dankesfeste und Feierlichkeiten. (Lipowsky Urgeschichten von München.)

10) Es dürfte hier wohl an seinem Platz sein, eine kurze Übersicht des künstlerisches Wirkens dieses Mannes, von dessen wichtigstem Werke nunmehr die Rede sein soll, zu geben.

Friedrich Ludwig von Sckell, königl. bayerischer Hofgarten-Intendant, des Civil-Verdienstordens der bayerischen Krone Ritter, außerordentliches Mitglied der königl-. Akademie der Wissenschaften zu München, und mehrerer anderer gelehrten Gesellschaften Mitglied, war geboren im Jahr 1750 zu Nassau-Weilburg an der Lahn.

Er erhielt in Schwetzingen in der Rheinpfalz den ersten Unterricht in jenen wissenschaftlichen Fächern und Künsten, die außer der Gartenbaulehre noch für seine künftige Bestimmung notwendig waren: als in der Mathematik, der Civil-Baukunst, in fremden Sprachen und in der Landschafts-Malerei usw.

Ausgerüstet mit allem, was die Grundlage einer Kunst ausmachen sollte, in welcher er später eine so ausgezeichnete Stufe erlangte, trat Sckell nach beendeter Lehrzeit seine Reise in fremde Länder an und wandte sich vorerst nach der Hauptstadt Frankreichs.

Der damalige Geschmack des Zeitalters, wo ein Le Notre die Regeln der bildenden Gartenkunst diktiert hatte, kleidete noch die Gärten in den steifen Prunk des symmetrischen Ebenmaßes. Das Große, Prachtvolle, Majestätische, was

diesen Gartenstil charakterisiert, wenn die Ausführung nach richtigen Regeln und Verhältnissen geschieht, hatte den jungen Gartenkünstler vorzüglich ergriffen. Er sah Versailles, St. Cloud; Trianon, an welch letzterem Orte er sich lange aufhielt, und bewahrte sein ganzes Leben hindurch den erhabenen Eindruck, den Le Notres Meisterwerke auf ihn gemacht hatten.

Frankreich zeichnete sich damals, wie noch jetzt, in der Kultur der Obstbäume vorzüglich aus. Sckell studierte daher die Pomologie in den vorzüglichsten Baumschulen in und um Paris. Mit großem Eifer legte er sich sodann insbesondere auf die Botanik, zeichnete, beschrieb und verfertigte die Pläne der ersten Gärten und Gewächshäuser, welche sich damals daselbst befanden, und schickte von Zeit zu Zeit die Früchte seiner Studien nach Hause. Dieser Fleiß, diese Tätigkeit errangen ihm die Gunst seines erhabenen Landesfürsten Carl Theodors, auf dessen Kosten er im Jahre 1773 seine Reise nach England antrat.

Der englische Garten-Geschmack wurde damals noch wenig oder gar nicht auf dem Kontinent bekannt.

Kein Wunder, dass unser Gartenkünstler nur unbestimmte oder unwichtige Begriffe davon nach England brachte.

Umso größer war daher sein Erstaunen, als er den ersten Garten dieser Art zu Gesicht bekam. Hatte er in Frankreich eine tiefe Achtung für die ernsten Formen eines symmetrischen Gartens eingesogen, so wurde er hier von dem natürlich ästhetisch Schönen dieser neuen Gebilde hingerissen.

Das Bedeutungsvolle, das Gemütliche, was diesem Geschmack eigen ist, sprach mehr zu seinem gefühlvollen Herzen, als jene kalten, steifen, bedeutungslosen Formen der Le Notreschen Anlagen. Er blieb nicht lange ungewiss, welchem Gartenstil er den Vorzug geben sollte; dem Freunde der Natur blieb das Natürliche heilig.

Was ihm vorher in Frankreich Le Notre war, wurden ihm in England Brown, Kent, die vorzüglichsten Gartenkünstler seiner Zeit. Er studierte die Werke zu Blenheim, Stowe, Stourhead, Kew usw. und machte sich jene Grundsätze und Manipulationen, nach welchen Anlagen dieser Art behandelt werden müssen, eigen. Weit entfernt jedoch, dass er zum pedantischen Nachahmer dieser zwar sehr ausgezeichneten Männer geworden wäre, brach sich sein Geist in späteren Zeiten neue Bahnen. Der Kenner wird in Sckells späteren Werken manche Schönheit bemerken, die er in den vorzüglichsten Gärten Englands vergebens suchen wird; dieses gilt besonders in Betreff seiner Pflanzungen.

Im Jahre 1775 wurde er als wirklicher Staatsdiener in kurpfälzischen Diensten angestellt; trat aber dennoch mit Erlaubnis seines Landesherrn erst im Jahre 1777 seine Rückreise über Holland nach seiner Heimat an. Bald nach seiner Rückkehr erhielt er von seinem hohen Gönner den Auftrag, im Garten zu Schwetzingen einen Versuch im neuen englischen Gartengeschmack zu machen. Obschon das Terrain, wo der damals noch junge Gartenkünstler sein Talent erproben sollte, nur klein und unbedeutend war; so wurde dieses Werk, nach seiner Vollendung dennoch vom Fürsten sowohl, als vom ganzen gebildeten Publikum mit großem Beifall aufgenommen. Jedermann wurde von dem Lieblichen und Anmutigen, welches diesem Gartengeschmack eigen ist, hingerissen und bezaubert.

Nun war die Bahn gebrochen, ein neuer Gartengeschmack wurde so in Deutschland eingeführt, dem bald allgemeine Huldigung ward.

Der Garten zu Schwetzingen wurde des Zwanges seiner Symmetrie und Regularität entledigt. Strauch wie Baum durften ihre zierlichen Reste frei in die Lüfte erheben, ohne mehr durch den sinnlosen Schnitt zu einem Unding entstellt zu werden. Alles Lächerliche, alles Kindische wurde entfernt, und nur die erhabenen, schönen Formen großartiger Zeichnungen beibehalten.

Im Jahre 1789 erhielt Sckell den Auftrag; den Plan zu einem neuen Militär-Garten bei Mannheim, welcher von General-Leutnant Grafen von Rumford vorgeschlagen war, zu verfertigen. Derselbe wurde mit Beifall aufgenommen, von ihm selbst größtenteils ausgeführt, in späteren Zeiten aber wieder ein Raub der Zerstörung in dem darauffolgenden Kriege. Ein später entworfener Plan über die Schleifung der

Festungswerke dieser Stadt hatte ein besseres Schicksal Sckells Vorschläge zur Verschönerung der Umgebung Mannheims zur Anlegung öffentlicher Promenaden und Gärten wurden auch dann noch ausgeführt, als diese Stadt schon mit dem Großherzogtum Baden vereinigt war.

Schon im Jahre 1780 ließ der Kurfürst von Mainz durch Sckell die Anlage zu Schönbusch und Schönthal bei Aschaffenburg besorgen, Anlagen, die so allgemeinen Beifall erhielten, dass selbst eine regierende Fürstin bei ihrer Anwesenheit, von ihm die Pläne dieser Anlagen verlangte. Es wäre zu weitläufig, alle Gärten hier aufzuzählen, in welchen unser Künstler damals entweder nur Pläne entworfen oder selbst ihre Ausführung besorgt hatte. Es sei genug, nur die vorzüglichsten hier zu nennen. Als die Anlage zu Rohrbach an der Bergstraße, die den der sogenannten Favorite zu Mainz. Für Se. Durchlaucht den Herzog Wilhelm von Bayern verfertigte er den Plan zur Gartenanlage auf dem Schloßberg zu Landshut, welche von seinem jüngeren Brüder den nachherigen königl. bayerischen Hofgärtner Mathias Sckell ausgeführt wurde, welsche Anlage von diesen Fürsten mit solchem Beifall aufgenommen worden ist, dass er den beiden Brüdern in diesem Garten ein kleines Denkmal setzen ließ. So verfertigte er im Jahre 1780 und 1790 die Pläne für die Gärten des Herzogs von Zweidrücken aus dem Karlsberg und zu Montbijou. Schon ins Jahr 1789 wurde Sckell von dem Kurfürsten Carl Theodor nach München berufen, und sein Gutachten und seine Vorschläge in einer neuen englischen Garten-Anlage daselbst, welche unter der Oberleitung des Grafen von Rumford ausgeführt werden sollte, abzugeben.

Leider stand damals hier noch die Garten-Kultur auf einer sehr niedrigen Stufe; Klima, Boden und Lage schienen diese Hauptstadt, gegenwärtig die Bewunderung des Auslands, zu einem ewigen Stillstand in der Garten-Kultur bestimmt zu haben.

Sckell erhielt den Auftrag, sich mit allen diesen Hindernissen bekannt zu machen, und nach deren reifer Überlegung sein Gutachten für den künftigen Gartenbau abzugeben.

Es war eine schwere Aufgabe für einen Ausländer, hier zu entscheiden, wo selbst erfahrene eingeborene Männer einstimmig bekannten, dass die drei oben genannten Hindernisse die Einführung eines edlen Gartenbaus unmöglich machten. Da, woman selbst den nun allgemein gebauten Ackerklee noch für viel zu zart hielt, um für den Landbau angewendet werden zu können.

Allein Sckells Erfahrung und scharfsichtiger Geist ließ sich hierdurch nicht abhalten. Er bot alles auf, um Spuren eines gemäßigten Klimas ausfindig zu machen, die er auch bald gefunden hatte. Bei seiner Wanderung um diese Hauptstadt fand er zufällig in einem Privatgärtchen einen blühenden Akazien-Baum (Robinia pseudo-Acacia) vielleicht der einzige damals in München. Sckell hielt diese Erscheinung als eine gute Vorbedeutung fest, gab dem Monarchen seinen Rat zugunsten der Sache, und die Gründung des englischen Gartens war beschlossen. Nach dem Tod des verdienstvollen Oberbaudirektors von Pigage in Schwetzingen wurde er von seinem Fürsten zum wirklichen Gartenbau-Direktor daselbst ernannt. Alls hierauf später die Rheinpfalz mit dem Großherzogtum Baden vereiniget wurde, war Sckell unter die Zahl jener Staatsdiener verseht, welche nach München kommen sollten, erhielt jedoch auf seine Bitte die höchste Bewilligung, in Schwetzingen bleiben und in badische Dienste treten zu dürfen, wenn die dortige Regierung ihm jedes Mal erlauben würde, nach Bayern reisen zu dürfen, um in wichtigen Garten-Angelegenheiten daselbst seinen Rat und seine Vorschläge abgeben zu können.

Da dieses zugestanden wurde, trat Sckell in badische Dienste. Allein schon im Jahre 1803 erhielt er von Bayerns Kurfürsten, nachmaligen König Maximilian Joseph, den ehrenvollen Ruf als Hofgarten-Intendant nach München, dem er auch im darauffolgenden Jahr folgte.

Kaum war ihm von seinem Monarchen das Gartengeschäft übergeben, als ein neues Leben in alle Zweige desselben trat. Er erhielt den Auftrag, einen Plan zum Garten der königlichen Sommer-Residenz Nymphenburg zu machen, und diesen sowohl, wie jenen, schon früher den ihm entworfenen Plan des englischen Gartens bei München auszuführen.

Im Jahr 1809 erhielt Sckell den Befehl, einen Plan zu einem botanischen Garten in München zu entwerfen. Es geschah; derselbe erhielt allgemeinen Beifall und wurde ihm zur Ausführung übergeben.

Unter seiner Leitung und nach seinen Plänen wurde auch der Garten Ihrer Majestät der Königin Caroline zu Biederstein ausgeführt, wo sich früher nur ein mageres Feld und sumpfige Wiesen befanden. Ein gleiches fand bei vielen Privatgärten um München statt, als deren vorzüglichste die Anlage des Grafen d. Montgelas zu Bogenhausen angesehen werden dürfte; so wie die Pläne, welche er zu Anlagen der Fürsten von Nassau-Weilburg zu Biberich, und Öttingen-Wallerstein zu Wallerstein, so wie auch jener für die Verschönerung Baden-Badens seine vorzüglichsten Arbeiten für auswärtige Gärten in dieser Zeit gewesen sind.

Nicht weniger Verdienst hat sich Sckell um die Gartenkultur selbst erworben. Er war es, der in Oberbayern die ersten Baumschulen größerer Art angelegt hat. Unter seiner Leitung wurden die Treibereien in den königl. Hofküchengärten verbessert und vervielfältigt, neue Produkte darin eingeführt, und so auch auf den öffentlichen Markt wohltätig eingewirkt. Willig und gern trat Sckell mit Rat und Tat jedem Geschäft bei, wo etwas Gutes oder Schönes geleistet werden konnte. Er wurde daher nicht nur bei Gegenständen seines Faches, sondern in manchen anderen, z. B. im Baufach, wo er lange Mitglied der königl. Bau-Kommission war, oft und viel zu Rat gezogen, wo er stets frei und offen seine Meinung zugunsten der guten Sache erteilte.

Seine Erfahrungen, die er sich durch die Ausführung so vieler Gärten in der praktischen Gartenkunst erworben hatte, legte Sckell in seinem Werk nieder: "Beiträge zur bildenden Gartenkunst für angehende Gartenkünstler und Gartenliebhaber, München bei Jos. Lindauer", und erhielt auf diese Art den Schatz seiner Kenntnisse für die Nachfolger seiner Kunst. So viele Verdienste blieben nicht ohne Anerkennung, allgemein war der Beifall, den die Mitwelt seinen Werken zollte, und König Maximilian belohnte ihn im Jahr 1808 mit dem Zivil-Verdienst-Orden der bayerischen Krone.

Manches hatte Sckell geleistet, vieles aber noch der Zukunft aufbewahrt. Manches war noch vom Ziel entfernt, das ihm sein Bildner gesteckt hatte, als der Tod diesen Mann, in voller Tätigkeit seines Lebens, den 24. Febr. 1823 im 73sten Jahr, von dieser irdischen Laufbahn abrief.

Sein dankbarer König erhielt dessen Andenken durch ein schönes Denkmal, das er ihm im Jahr 1824 im Englische Garten zu München sehen ließ, welches zugleich als herrliche Zierde der durch Sckell ausgeführten Anlage des Sees daselbst, den Beifall jedes Gartenfreundes erhalten wird.

11) Wer eigentlich der Erfinder dieser Heizmethode sei, ist nicht erwiesen, und die Engländer streiten sich hierüber selbst. Die Herren Balton und Watt wollen dieselbe schon in dem Jahre 1783 in ihren Fabriken unter allen Modifikationen in Anwendung gebracht haben;

so wie andere behaupten, dass sie in Russland schon viel länger bekannt sei; gewiss ist aber, dass ein Marquis de Chabannes diesen Wärme-Apparat zuerst in England bei Wohngebäuden in Anwendung gebracht, und die Grundsätze hierüber in zweien im Jahr 1815 herausgegebenen, durch Kupferstiche erläuterten Werkchen bekannt gemacht habe. Der Mechaniker Atkinson aber war der Erste, welcher in England diese Methode auf Erwärmung der Gewächs- und Treibhäuser anwendete, und den ersten Apparat selbst ausgeführt hat.

Seit dieser Zeit wird die Heizung mit erwärmtem Wasser in England allgemein angewendet, und sie verdrängt nicht nur allein alle Kanalheizungen; sondern die vielgepriesenen Dampfheizungen selbst, welch letztere indessen sehr leicht in Warmwasserheizungen umgewandelt werden können. Der Unterzeichnete erhielt im Jahre 1830 durch die englischen Gartenschriften nicht nur allein von der Theorie dieser neuen Erwärmungsart der Gewächs- und Treibhäuser; sondern auch von dem außerordentlich günstigen Erfolge derselben Kunde, und ließ sogleich einen ähnlichen Apparat in einem Bohnentreibhaus des königl. Hofküchengartens zu München durch den geschickten Maschinisten, den königl-. Hofbrunnenmeister Heß, ausführen, der einen so günstigen Erfolg hatte, dass Unterzeichneter sich veranlasst sah, sogleich einen zweiten, weit größeren Apparat für das große Palmenhaus dahier, mit allerhöchster Bewilligung, zur Ausführung zu bringen.

Diese beiden Muster waren die ersten, welche in Deutschland ausgeführt wurden, und deren Erfolg alle Erwartung übertroffen hat; denn der 48,705 Kubikfuß Luft haltende, innere Raum dieses Hauses, wird mit fast der Hälfte des Brennmaterials erwärmt, das die früher daselbst in Anwendung gewesenen zwei großen eisernen Öfen, erfordert hatten; ohne die anderen Vorteile durch gleichere Erwärmung, bessere Luft und Beseitigung aller Überheizung und Feuersgefahr, die durch die bezeichnete Heizmethode erreicht werden, zu erwähnen. Das Nähere hierüber enthalten die Nummern 20 des XXI. Jahrgangs vom 15. Februar 1831, und 33 des XXII. Jahrgangs vom 15. May 1832 des Wochenblattes des landwirtschafltlichen Vereins für Bayern, in welchen der Unterzeichnete seine Erfahrungen, bezüglich der Theorie dieser Heizmethode und der näheren Beschreibungen der zwei benannten Apparate, mit beigefügten Zeichnungen, durch den Druck bekannt gemacht hat.

Sckell.

12) Dieses Schlösschen hat Herzog Sigmund IV. der Erbauer der Frauenkirche in München, ehemals besessen, und daselbst um das Jahr lass gewohnt; es wurde aber später in Kriegszeiten ganz verwüstet, und war beinah zerfallen, als Baron von Berchem, Besitzer der Hofmark Ober- und Untermenzing, es um das Jahr 1678 wieder in bewohnbaren Stand setzte.

Den Namen Bluttenburg, in den älteren-Schriften auch Pluttenburg geschrieben, hat dasselbe von der im Jahre 1422 in der dortigen Gegend vorzüglich aber bei den Orten Hoflach und Alling, zwischen Herzog Ernst und Wilhelm von München, und Herzog Ludwig von Ingolstadt vorgefallenen Schlacht, erhalten.

»Als die Münchner kamen, sagt eine alte, wahrscheinlich. gleichzeitige Chronik, war ihrer Herzog Ludwig schon gewärtig, und rannten beide Heere sondern Weilen zusamb. Das war an einen Sambstag den 21 Sept. am Fest des heiligen Apostel Mathäi. Da vermaynte der jung Herzog Albert, wie er dann etwas muetig und gern am ersten was, weil er mit schönen Waffen genugsamp versehen, und guet zu roß was, dass sich niemats seiner erweren möcht, und setzte sich mitten in den Feindt, do wardt er so gleich umzingelt, und nit mehr gesehen. Da diß sein Vater vermerkht, entbrannt er vor jeher Hitz und Zorn, ergrif seinen Kolben mit banden Händen, wie wohl er schon sehr blutig was, und klopft rechts und links plump und kürbig drein, bis endlich auf den toten Körpern er sich ainen weg zu seinen Sohn machte und ihn befreite. Es war selben Tag nir gewunnen, und warbt der sieg erst recht am folgenten Tag, das der 22 September und Sonntag was erfochten, da Ludwigens Leute ermüdet, auch gar viel von ihnen erschlagen Tot lagen, einige davon gelaufen, zweihundert aber gefankchen wurden, die Ernest vor sich her in die statt treibend laßt, mit nit geringer fremd und Gelächter der Münchner usw.«

(Westenrieders. Beyträge zur vaterländischen Historie Bd. IV. S. 352)

13) Dieses Dörfchen soll seinen Namen von Pipin dem Vater Karl des Großen führen; ob dies wahr oder falsch sei, lässt sich schwer entscheiden; nur so viel ist gewiss, dass die ganze Gegend an der Wurm bis zum Würmsee hin, voll von Reminiszenzen aus der Geschichte Karl des Großen ist, der auch nach mehreren Urkunden, auf dem Karlsberg daselbst geboren sein soll. Siehe: "Älteste Sage über die Geburt und Jugend Karl des Großen zum ersten Mal bekannt gemacht und erläutert" von Christ. Freiherrn von Aretin. München 1803. Diese Sage findet sich niedergelegt in einem altdeutschen Manuskript aus der uralten Abtei Weihenstephan bei Freising, welches Kap. III. von der Geburt Karls des Großen handelt. Dieses Manuskript scheint eine Übersetzung oder Nachbildung eines alt französischen Originals zu sein. Schon der bekannte Geschichtsschreiber Aventin, welcher seine Chronik zu Ende des IV. Jahrhunderts verfasste, sagt in derselben:

»Kaiser Carolus ist geboren worden, als man zält nach Christi Geburt 742 Jar zu Carlsberg aus dem Schloß am Würmsee, drey Meil oberhalb München, wie dann die Einwohner solches noch heutigen Tags sagen, auch bezeugts ein ganz Buch, so von Kaiser Carolo beschrieben und zu Weihenstephan im Kloster auf dem Berg bey Freysing noch vorhanden, allda sein Vater König Pipin Hof gehalten.«

In Paris befindet sich eine französische Handschrift, aus dem XIII. Jahrhundert worin Karls des Großen Jugendgeschichte auf ganz ähnliche Art erzählt wird. Sie hat die Überschrift "L'histoire de Papin et de Berthe, sa femme; en rithme." Mit dieser Sage stimmt überein Ulrich Futterers Erzählung von Pipins Gemahlin Bertha und ihrer Schicksal. (Dieser Chronist schrieb dieselbe 1478. Das Manuskript befindet sich in der K. Hofbibliothek zu München.)

14) Dieselben hatten zweierlei Schiffs-Livree, eine für Galla und eine für den ordinären Gebrauch. Erstere bestand in Jäckchen und kurzen Beinkleidern von blauem Tuch, woran die Nat mit silbernen Borten und Fransen besetzt waren; dann in Schuhen und Strümpfen, blauen samtenen Kappen mit Silberborten, Quasten und weiß, blau und gelben Straußenfedern geziert; ferners einer weiß seidenen Schärpe um den Leib. Die letztere bestand in weißen Jäckchen, und blauen kurzen Pumphosen von Sommerzeug, einem runden Hut mit Silberborten, einer blauen Schärpe, dann Schuhen und Strümpfen.

15) Außer den zahmen, hier ernährten Enten sieht man besonders zur Herbst- und Winterszeit fast beständig 2 bis 300 wilde Enten von verschiedenen Arten den See durchstreichen.

16) Bei der Schilderung der Schönheiten dieses, wenn auch nur künstlich hervorgebrachten Sees, kann man wahrlich nicht umhin eines Festes zu erwähnen, welches daselbst König Maximilian Joseph I., damals noch Kurfürst, zur Geburtsfeier seiner hohen Gemahlin Caroline am 13. July 1805 gegeben hat. Ein Fest, das zugleich auch der Vollendung dieses Kunstwerkes, das kurz vorher beendet worden war, zu gelten schien; da es dessen Schönheiten zu zeigen und in einem magischen Licht darzustellen, so ganz geeignet war.

Der Hofgarten-Intendant v. Sckell hatte schon im Jahr 1803, als er noch Direktor des Gartens zu Schwetzingen in der Rheinpfalz war, bei dem Besuch des Königs von Schweden daselbst, den Auftrag erhalten, im dortigen Garten eine Beleuchtung zu veranstalten. Derselbe wählte nun eine der schönsten Partien dieses Gartens, nämlich jene des Apollo-Tempels, und erleuchtete diese durch Lampenlicht; jedoch auf eine Art, dass der Beschauer das Licht selbst nicht zu Gesicht bekam, sondern ihm nur die davon beleuchteten Gebäude und Pflanzungen vor den Augen erschienen. Die Lampen waren nämlich in kleinen, 1 Fuß (30,48 cm) tiefen Gräbchen versenkt, und daher dem Beschauer, welcher in einer gewissen Entfernung stand, nicht sichtbar, wohl aber die magische Wirkung dieses ungewohnten Lichtes auf die umliegenden Gegenstände, welche Letztere wie verklärt erschienen.

Diese Art Beleuchtung fand so allgemeinen Beifall, dass Sckell im Jahre 1805 von seinem Monarchen den Auftrag erhielt, zur Feier des hoben Geburtsfestes der Kurfürstin die eben vollendete neue Partie des Sees im Garten zu Nymphenburg auf gleiche Art zu beleuchten.

Über den Erfolg dieses Unternehmens drückt sich die gleichzeitige Zeitschrift Aurora in ihrer 82sten Nummer des benannten Jahres wie folgt aus:

»Die Nacht war dämmernd herangebrochen, als das Konzert ein Ende nahm. Schon seit einigen Stunden durchrauschte den nahen Garten die aus der Hauptstadt herbeigeströmte Volksmenge, und dahin begab sich jetzt auch der Hof mit seinem Gefolge. Die Wege, welche durch die neue englische Anlage führen, waren in kleinen Entfernungen durch sinnreich versteckte Lampen erleuchtet, die in zwei Schuh tiefen Graben brannten, so dass man nicht die Flamme, sondern nur die Strahlen derselben erblickte. Die Erscheinung war eben so neu, als gefällig; denn die Gegend und die Gebüsche waren wie mit goldgrünem Glanz übergossen.

In einer kleinen Viertelstunde kam man zu Badenburg, dem eigentlichen Standpunkte der Beleuchtung, an. Auf einem natürlichen

Hügel, von ehrwürdigen Baumgruppen umschattet, erhebt sich dieser Garten-Pavillon, und ein ausgedehnter See mit malerisch hinschlängelnden Ufern von pitoreskem Buschwerke, duftenden Linden und Zitterespen bekränzt, breitet sich hier vor dem Auge aus. Aus seinem Schoß erheben sich mehrere kleine Inseln, deren kunstlose Partien den feierlichen Ernst des großen Wasserspiegels freundlich unterbrechen. Dieses ganze Gestade mit allen seinen Krümmungen war aus die nämliche Art durch eine Menge unsichtbarer Flammen erleuchtet; es schien wie von einem matten goldenen Schimmer besäumt, und in zart verduftenden Bildern spiegelten sich das grüne Laub in den glänzenden Fluten. Ein süß schauerliches Gefühl sprach aus diesem Wunderlichte und eine mystische Stille herrschte in den Lüften und lag auf dem weiten See, und langsam zogen die Wolken am Firmamente hin. Da trat die Gefeierte in das dunkle Ruderschiff, und vom linken Ufer her erscholl der grüßende Lärm der Janitscharen-Musik und begleitete sie weit in den See hinein.

Die Musik schwieg und ringsum waltete ein noch tieferes Schweigen, durch das laute Plätschern der Ruder noch deutlicher bezeichnet. Und als das langsam hingleitende Boot rechts um die hervorragende Landzunge bog, da ertönte ein Orchester von blasenden Instrumenten, die hier im Hinterhalt lagen, und sanfte Hirtentöne, die wehmütig frohen Laute der Alpentäler, klangen vom verklärten Gestade herüber in das warme bewegte Herz.

Aber in der Mitte des Sees, dort, wo im Hintergrund sich der Birkenhügel erhebt, ragten graue Felsenmassen aus dem Schoß einer zweiten Insel hervor, und auf ihnen empor, sah man ins funkelnder Pracht einen 70 Fuß (21,34 m) hohen Obelisk durch die Lüfte schreiten. Tief in den grünen Wasserspiegel hinein warf die feurige Nadel ihr zitterndes Strahlenbild, und mit ihm den Namen der geliebten Fürstin. Und als das Schiff vorüberzog, begrüßte es ein Chor melodischer Stimmen, die die Feier des Tages sangen, und die umliegenden Inseln und Gestade beantworteten die letzten Takte jeder Strophe mit künstlich dem Echo nachgeahmten Wiederhall. Eine schwimmende Welt von Tönen zog jetzt daher durch den goldenen Duft der Lichtströme, die rings aus dem Dunkel der Nacht emporwallten, und ihre geheimnisvollen Wogen trugen Sinn und Gemüt in das Götterland der Fantasien. Und diesseits am dunklen Gestade wähnte man die Schatten des stygischen Ufers, und drüben über den Fluten die lichten Auen Elysiums zu erblicken, und man beneidete die Glücklichen, die der alte Charon im schwarzen Boot hinüberfuhr in Persephones friedliche Hallen.

Zu bald verscheuchte die lustigen Traumbilder der laute Jubel, mit dem das wimmelnde Ufer die Landenden begrüßte. Der Hörnerklang, die Trommelschläge und Trompetenstöße erwachten jetzt wieder von Neuem, und zwischen den frohlockenden Reihen der Zuschauer trat der glänzende Zug die Stufen des Pavillons hinan, und setzte sich zum festlichen Wahl.

Und die bunten Scharen irrten nun fort durch die krummen Wege, an der mächtigen Wassersäule vorüber, deren hoher Strahl ein symbolisches Brillantfeuer schwebend in den Lüften trug, und zogen heim auf der freundlich erleuchteten Heerstraße; und im Garten und Felde war es still und einsam, die Flammen erloschen und das Schauspiel des heutigen Tages war zu Ende.

Noch einmal muss ich auf diese neue und wundersame Art der durch den Wiederschein versteckter Lampen hervorgebrachten Beleuchtung, in der sich der kunstgenährte Sinn des k. Hofgarten-Direktors Sckell so schön aussprach, zurückkommen. Sie ist wahre Malerei, für Auge und Herz erfunden und berechnet. Nicht die Sonne, nicht der Mond vermögen solche Lichteffekte hervorzuzaubern. Gern rut das Auge auf diesem sanften, warmen Glanz und die Fantasie wird hingetragen auf den magischen Wolken dieses rätselhaften Schimmers in neue *ferne Welten*.«

17) Köng Max Joseph, ein großer Freund dieser Art fürstlicher Vergnügen, hielt die Menagerie in Nymphenburg ziemlich reich besetzt; besonders aber mit Federvieh, das er ungemein liebte; dahingegen vierfüßiges Tiere von ihm nur wenige gehalten, reißende Tiere aber gar keine angeschafft wurden.

Beim Aufenthalt des Königs in Nymphenburg pflegte dieser jeden Tag ein Stündchen in benannter Menagerie zuzubringen, und sich an den munteren Spielen und dem seltsamen Gefieder dieser Fremdlige zu ergötzen. In der letzten Zeit seines Lebens befanden sich daher auch einige sehr seltene Tiere daselbst, als: ein Lama, zwei Beuteltiere, zwei Gazellen, ein ostindischer Stier samt Kuh, ein Waschbär, ein geflügeltes Eichhörnchen, ein Strauß, zwei schwarze Schwanen ein Königsvogel, ein Kasuar, ein Pelikan, ein Ibis und andere brasilianische Vögel, welche die vaterländischen Gelehrten v. Spix und v. Martius von ihrer Reise aus Brasilien mitgebracht hatten, dann viele ausgezeichnete Arten der Enten, Gänse und Hühner usw.; von diesen sind gegenwärtig noch vorhanden: die astrachanischen Gänse, die Trompeter-Gänse und einige Enten Arten.

18) Schon im Jahre 1762 wurde der Bau eines Brunnhauses auf dieser Stelle begonnen, die Maschinen aber einige Jahre später, anfangs nach der Angabe und Leitung des Maschinisten Postevin, später aber nach der des Hofkammerrates Forster hergestellt.

Mittelst dieser Maschine wurde damals das Wasser auf zwei hohe Türme in Reserven gehoben, von wo dasselbe den erforderlichen Druck erhielt, um die vielen, in dem damaligen alten Garten angebracht gewesenen Fontänen und Wasserwerke alter Art in Bewegung zu setzen.

Als man aber in den Jahren 1803 und 1804 angefangen hatte, diese Anlage in einen natürlichen Garten zu verwandeln, wurde auch beschlossen, alles vorhandene Wasser zur Speisung zweier dermalen noch bestehenden, großen Fontänen zu benützen, und es erhielt der Oberstbergrat und Direktor des königl. Hofbrunnenwesens Ritter Joseph von Baader den Auftrag, zu den beiden Brunnhäusern, nämlich dem im Hofgarten und jenem im linken Flügel des Schlosses, neue Druckwerke nach besseren Prinzipien zu verfertigen, und die von demselben hervorgebrachten Kräfte zum Getriebe der obenerwähnten großen Fontänen zu verwenden. Dieser gelehrte und praktisch gebildete Hydrauliker löste seine Aufgabe mit besonderem Glück; so dass die zwei Fontänen in Nymphenburg die kräftigsten und höchsten in Europa sein dürften, welche durch Maschinendruck hervorgebracht werden.

Napoleon war bei seinem Hiersein von diesen herrlichen Fontänen und der Kraft ihrer Triebwerke so entzückt, dass er im Jahre 1806 v. Baader nach Paris berief, um Pläne und Vorschläge zur besseren Konstruktion der Wassermaschine zu Marly zu machen; was auch von Seite dieses geschickten Hydraulikers geschah. Die Ausführung seiner Pläne aber hinderten entweder National-Eifersucht oder der Drang der damaligen Zeitereignisse.

Sieh: "Projet d'une nouvelle Machine hydraulique pour remplacer l'ancenne Machine deMarly. Paris, 1806. Chez Remouard, avec deux planches.

19) Der gleichzeitig gedruckt erschienen und mit Abbildungen versehene Hofbericht über die Feste, welche bei der Geburt des Kurprinzen Max Joseph und der feierlichen Landeshuldigung bei dem Regierungsantritte Carl Alberts statt hatten, sagt über dieses ländliche Fest unter anderem folgendes:

»Den 11. May 1727 ware zu Fürsten Ried, einem Kurfürstl. Jagd Schloss von denen Durchlauchtigsten Kurund fürstlichen Personen, auch dem hohen Adel ein Bauern Hochzeit angestellt, und darauf von der Durchl. Regierenden Kur-Fürstin, und Durchl. Frauen Gemahlin Ihre hochfürstl. Durchl. Herrn Herzogs Ferdinand, auch anderen Frauen-Zimmeren, ein Turnier in schönen neuen hierzu bereiteten Wägeln gehalten. Dieser Tag ware sonderbar merkwürdig. Als die Durchl. Kur fürstin, nach genommenen Fruhestuck zu München, sich erhoben und samt allen hochadeligen Hof- und Stadt Damesen in reichen Bauern-Kleidungen auf eine halbe Stund weit gegen Fürsten Ried, in eine Aleer bei einem Wäldel sich verfügten; biß alldahin seind Ihro Durchl. der Kurfürst von gedachtem Fürsten Ried auß nebst etliche 40 Kavaliers auch alle in Bauern-Kleider zu Pferd entgegen kommen, nebenbei wurden auch 7 große Wägen mit grünen Bäumen und Lauber aufs zierlichste aufgepuzt, mit geführt. Auf 4 deren Wägen begaben sich höchst gedacht Ihro Durchl. die Kurfürstin mit denen Damesen, die übrigen aber wurden mit Bauren Pfeiffer besetzt. So hat auch bei der Ankunft in dem Kurfürstl. Lust- und Jagd-Schloss Fürsten Ried, wobei eine ansehnliche Mayrschaft und Schäferei vorhanden, der Durchl. Kurfürst als Mayr und Schäfer, seiner Durchlauchtigsten allergeliebtesten Schäferin, nit allein einen inwendig mit reicher Summa Goldes angefüllten Butter-Weggen ein dergleichen Käßlaib, Laib-Brot und Kücheln; sondern auch das Lustschloss, Mayrschaft und Schäferei in Summa alles, was dahin gehörig, eigentumlich geschenkt; nit weniger ware den obgesagten Präsenten ein kleines kostbares Gallanterie Wägerl von Perlmutter hierob eine schöne Figur, und mit Tauben von geschmolzten Gold bespannt, in diesem Wägerl lage der Donations Brieff von der Schwaig Fürsten Ried verborgen.

Es wollten nemblich Ihro Kurfürstl. Durchl. unser Gnädigster Landes Fürst und Herr Dero allergeliebteste Durchlauchtigsten Gemahlin dieses Schloss, Schwaig und Schäferei zu Fürsten Ried von darumben eigentümblich übergeben, weilen dasselbe dergestalten gelegen und beschaffen, als ob die Natur selbst alle Annehmlichkeiten dahin zusammen getragen: dann es liegt solches zwar Mitten unter den schönsten Feldern und Wayden, hat doch rund herumb auf eine Entfernung von einer halben Stund die dickiste grüne Wälder von Aichen und Buchen, wodurch die schönsten Alleen ausgeraumt, also dass man in gerader Linie gleichsamb wie durch ein Perspecktiv nach der Kurfürstl. Residenz Stadt München oder nach der Kurfürstl. Sommer Residenz Nymphenburg sehen kann. Das Schloss ist auf die allerneuiste Manier zur größten Gemüts- Ergötzlichkeit kostbarist erbauet, die daran liegende Gärten mit raristen Fruchtbäumen und Blumen besetzt; der Mayr-Hof mit den schönsten Schweizerischen Rind-Vieh beschlagen, auch die Schäferei mit großer Anzahl Flämischer Schafe versehen; die umliegende Waldungen lassen ihre geflügelte Innwohner von fruhe Morgen bis in die Nacht auf die umb dieses Schloss herumb gesetzte Bäume wandern, und mit ihrem annemblichsten Gesang allda eine Erquickung zu machen; die Hirschen, Wildstuck und Wildschweine seind in solcher Menge herumd, dass sie selbsten sich im freien Feld genugsamb sehen lassen, Rebhühner und Wildtauben fliegen fast selbst an die Flinten.

Dieses so lustbare Ort wollten dann Ihro Kurfürstl. Durchl. der Durchl-Landes Frauen verehren, umb dadurch sein allergrößtes Vergnügen zu bezeugen über die glückseeligiste Geburt eines Durchl. Kur-Prinzens, welche Schankung dann auch Ihro Kurfürstl. Durchl. unser Gnädigste Landes-Frau von Ihren allergeliebtisten Herrn Gemahl mit unbeschreiblicher Gemüts Vergnügenheit annahmen, indem bei Höchst-Deroselben wahr worden, was Ovidius Epist. 16 Heroidum schreibet:

Sic acceptissima semper
Munera sunt, Autor quae pretiosa facit.
Die Schankung wird gewiß geachtet gar vielmehr,
Wann von ein lieber Hand dieselbe kommet her!

Ihro Kurfürstl. Durchl. unserm Gnädigsten Kur- und Landesfürsten ist sattsamd bekannt, der angebohren Hauswirthschafts Eifer unserer Gnädigsten Frauen und dass Sie also an dergleichen Mayrschafft und Schäfereyen größtes Vergnügen hätte, derohalben Ihro Kurfürstl. Durchl. unser Bayrischer Daphnis sonderbar dieses Lust Ort zu einer Schankung zu Höchst Deroselden Ergetzung außgesehen auch solches in Schäfers oder Bauers Kleidern seiner allergeliebtisten Schäferin Amoena mit folgender nit ungleicher Ansprach übergeben:

"Amoena liebste Schäferin!
Aufs höchst Ich Euch verbunden bin,
Das Ihr Mir ein Junges Schäferlein
Habt zu Vergnügen des Herzens mein
Erst jüngst gebohren, darum ich dann
Mein dankbares Gemüt zu zeigen an
Euch schenke meine Schäferei
Und ganze Mayerschaft dabey
Wünsch, dass Ihr all Vergnügenheit
Hier möget finden jederzeit."

Nachdem nun die Durchlauchtigiste Kur-Fürstin mit obgemalt annemblichisten Schankungen zu Ihren Empfang begabet ware, wurde eine ordentliche Bauern-Hochzeit von Denen Durchlauchtigsten Fürsten-Personen und hohen Adel gehalten, und waren sowohl vor als nach denen Mittags und Nachts-Mahlzeiten sehr lustig sehenswürdige Bauerntänze, wozu eine Anzahl der besten Bauren-Spielleuth von dem Land berufen worden. Es waren auch allda sehr kostbare türkische und andere Zelte aufgeschlagen, worunter die Hochzeit Gäste nur an einer Tafel 110 Personen, noch mehr an anderen kleinen Tischen, mit herzlichisten Traktamente bewirtet waren. Und da nun das Mittagmahl der Bauern Hochzeit vorbei war, wurde ein Frauenzimmer Tournier, worbei Ihro Kurfürstl. Durchl. die Regierende Kurfürstin wie auch Ihro hochfürstl. Durchl. Herrn Herzogs Ferdinand Durchl. Gemahlin und viele andere hochadelige Damen die Proben ihrer tapfermütigen Geschicklichkeit sehen lasseten usw. usw..« Dann heißt es weiter:

»Den 15. Mai zu Mittag speiseten die Durchlauchtigisten Herrschaften in der Kurfürstl. Residenz Nymphenburg, wonach zwischen Nymphenburg, Allach und Mosen ein Turnier auf lebendige Tier zwischen zwei kleinen Wäldeln gehalten wurde.

Nach diesem wurde ein Hirsch durch die perforce Jagd gefangen, im Beisein der Durchlauchtigsten Herrschaften und anderen anwesende Zuseheren das Curée, das ist, wo der Hirsch von den Hunden aufgezehrt wird, gehalten.

Weiteres war eine offene Tafel und zwar in denen aufgerichteten schönsten grünen Amphieteatris.

In diesen speiseten die beiden regierenden kurfürstl. Durchlauchten aus Bayern, Ihro kurfürstl. Durchlaucht von Köln, Ihro hochfürstliche Durchlaucht Herr Herzog Ferdinand mit der Durchlauchtigsten Gemahlin, Ihro hochfürstl. Durchlaucht Herzog Theodor samt vielen hochansehnlichen Damen und Kavalier.

Der Tafel folgte die Illumination mit viel tausend Lichtern in dem Hofgarten zu Nymphenburg und sodann ein Baal auf dem alldasigen großen Saal.

20) Sie wurde auf Befehl Max Joseph III. im Jahr 1764 durch den Hosbaumeister Franz Cuvillier erbaut.

21) Die königl. Porzellan-Manufaktur zu Nymphenburg ist seit der Erfindung des Porzellans, welche 1704 in Sachsen gemacht wurde, die fünfte in Europa. Die erste Veranlassung zur Errichtung einer Porzellan-Manufaktur in Bayern gab der Hafnermeister Joh. Jos. Niedermayer in

München. Dieser einsichtsvolle Meister, welcher sein Gewerbe in der Schäfflergasse daselbst betrieb, fühlte einen mächtigen Antrieb in sich, die damals so bedeutungsvolle Kunst des Porzellanmachens zu erlernen. Auf seinen Wanderungen machte er sich einige Erfahrungen eines sächsischen Arcanisten aus der Meißner Porzellan-Manufaktur eigen, welche ihn zu ferneren Versuchen veranlassten. In seine Vaterstadt zurückgekehrt, fing er im Jahre 1747 die ersten Versuche auf die Herstellung des Porzellankörpers an. Er bediente sich der Porzellanerde von Wegscheid (k. Landgericht im Unterdonaukreise). Allein unbekannt mit der Konstruktion des Porzellanofens konnte er den erforderlichen Hitzegrad nicht hervorbringen. Deswegen waren seine Arbeiten nur gebranntes Erdengut, dem heutigen Fayence oder Steingut ähnlich, welches die steinartig gesinterte Masse des Porzellans nicht erreicht.

Er lieferte aus solcher Masse Zimmeröfen mit weißer Glasur und Vergoldung, welche damals ein ungemeines Aufsehen erregten. Man schmückte mit Öfen dieser neuen Erfindung die kurfürstlichen Residenz-Schlösser in München und Nymphenburg. Der Kurfürst Maximilian III., schon lange mit der Lieblingsidee umgehend, nach der damaligen Sitte der europäischen Fürsten zum Schmuck seines Sommerschlosses in Nymphenburg, und zu seinem eigenen Vergnügen eine Porzellan-Manufaktur zu errichten, war auf die Erfindung des Hafnermeisters Niedermayer aufmerksam, und gab noch im Jahr 1747 die Veranlassung, einen Porzellanbrenner, Namens Lippich, aus Wien verschreiben zu lassen.

Dieses geschah, und nach unausgesetzten mühsamen Versuchen des genannten Niedermayer, übertrug der Kurfürst dem Obermünz- und Bergdirektor Grafen Sig. v. Haimhausen, einem bekannten Kunstfreunde, und vorzüglichen Beförderer des bayerischen Bergwesens in damaliger Zeit, im Jahr 1758 die Anlage und Leitung der Porzellan-Manufaktur zu Nymphenburg. Das Haus auf der linken Seite des Schlosses, im sogenannten Zirkel, führt daher folgende, auf eine Marmortafel eingegrabene Inschrift:

Maximilianus III.
Bojorum Dux elector excitatis
ad exterorum industriam
civium ingeniis ut artes
Sua manu palatio receptas
ipsas inter delicias praesens foveret
figulinae sinicae operis
aedes e fundamento exstruxit
Palatii ambitum perfecit
A. O. R. MDCCLVIII
Sigismund ab Haimhausen
S. R. I. Colleg. rei monet. et metall. Praef.

Maximilian III. Herzog in Bayern und Kurfürst munterte seine Untertanen auf, den Kunstfleiß der Ausländer nachzuahmen, und damit er die, selbst in seinem Wohnsitz aufgenommene Kunst, unter seinen Augen als Lieblingssache pflegen und fördern könne, baute er für die Porzellanfabrikation dieses Gebäude vom Grund neu auf, und vollendete zugleich damit die Anlage und den Umfang seines Sommerschlosses (Nymphenburg), im Jahr des Heilands 1758.

Sigismund von Haimhausen, des heil. römisch. Reiches Graf, Obermünz- und Bergdirektor.«

Nach verschiedenen Schicksalen, welche den Fabrikbetrieb teils benachteiligten, teils denselben auf eine Stufe von Lebhaftigkeit erhoben hatten, wurde die ebenfalls bisher auf Staatskosten betriebene Porzellanfabrik zu Frankenthal mit jener zu Nymphenburg 1800 vereinigt. In dem Jahre 1802 und 1809 fing man an, gründliche Verbesserungen in der Fabrikation einzuführen. Der erste Aufschwung der Malerei fing 1810 an, als König Ludwig I. damals noch Kronprinz, der Anstalt den Auftrag zur Ausführung eines großen Tafel-Services mit Kopien aus der königl. Gallerie übertragen hatte.

22) Nähere Auskunft über das Geschichtliche und Technische der Porzellanmanufaktur findet man in folgenden Schriften:

Carl Schmitz, Grundzüge zur Geschichte der königl. bayer. Porzellanmanufaktur Nymphenburg. München, 1819. Aus dem Kunst- und Gewerbeblatt besonders abgedruckt.

Christoph Schmitz, Grundlinien zur Statistik und Technik der Thonwaren und Glasfabrikation im Königreiche Bayern. München, 1836. A. Webersche Buchhandlung.

23) Solchen diene noch zur Notiz, dass die Gegend um München sehr reich an niederem Wilde, besonders an Rehen, Hasen und Feldhühnern ist, von denen letzten allein jedes Jahr ohne Gefährde der Nachzucht 3000 Stück geschossen werden können.